Recettes light INRATABLES !

Recettes light INRATABLES !

Noémie Strouk

Photographies et stylisme d'Olivier Ploton

LAROUSSE
21 rue du Montparnasse 75283 Paris Cedex 06

INTRODUCTION

Que mange-t-on ce soir ? Pas toujours facile de répondre à cette question quotidienne ! En panne d'inspiration, d'ingrédients ou tout simplement par peur de rater, on cuisine souvent la même chose. Et quand il s'agit de cuisiner léger, les choses se compliquent encore davantage.

Avec ces 200 recettes légères et inratables, fini les questions ! De l'apéritif au dessert en passant par les plats principaux, vous vous laisserez forcément tenter par ces recettes rapides et gourmandes devenues pour moi des valeurs sûres à la fois en termes de saveur et d'équilibre alimentaire !

Car léger ne signifie pas sans goût ! Comment être rassasié si le repas est insipide et ne procure aucun plaisir ? Faites la part belle aux fruits et légumes, aux bonnes graisses et aux protéines animales maigres (viande et poisson), et le tour est presque joué ! Remettez à l'honneur les laissés-pour-compte que sont les légumineuses (pois chiches, fèves, haricots...) : c'est une vraie mine d'or nutritionnelle. Remplacez aussi les traditionnels féculents (pâtes, riz, semoule...) par leur version complète ou semi-complète.

Côté matières grasses, privilégiez l'huile d'olive en petite quantité, et remplacez les crèmes (liquide, épaisse...) par leur version allégée. Peu gras, le fromage blanc et le yaourt nature seront aussi vos alliés, apportant onctuosité et crémeux. Le beurre, souvent diabolisé, n'est pas à bannir. Utilisez-le avec parcimonie, car c'est un ingrédient incontournable de notre si goûteuse cuisine française !

Et pour le sucré, me direz-vous ? Il n'est pas question de se priver de dessert sous prétexte de manger léger et sain ! À nous les fruits en gratin, en soupe, en sorbet, rôtis... Pour sucrer mes desserts, j'aime utiliser le sirop d'agave, le miel ou encore le sirop d'érable qui sont des alternatives au sucre blanc naturelles et riches en goût. Misez également sur les épices (vanille, cannelle, badiane...) qui rehaussent le goût des desserts sans alourdir la facture calorique.

Il ne vous reste plus qu'à enfiler votre tablier. Très vite, vous vous rendrez compte que cuisiner sain et varié tous les jours est finalement un véritable jeu d'enfant quand on dispose des bonnes recettes !

SOMMAIRE

Apéritifs

Entrées

Plats

Plats (suite)

Desserts

SUCETTES DE TOMATES
au chèvre

15 min — Sans cuisson

4 pers. — 118 cal par portion

Tomates cerises
16-20

Chèvre frais
150 g

Cerfeuil haché
1/2 botte

... et aussi un peu de
poivre

1 Assaisonnez le fromage de chèvre avec du poivre.

2 Enrobez chaque tomate d'une fine couche de fromage, puis roulez dans le cerfeuil avant d'y planter un cure-dent. Servez frais.

Réalisez cette recette avec d'autres herbes fraîches (ciboulette, persil, coriandre...) ou encore avec des graines (pavot, sésame...).

TZATZIKI au fromage blanc

10 min | Sans cuisson

4 pers. | 58 cal par portion

1 Pelez et coupez le concombre en petits dés, en retirant les pépins.

2 Mélangez-le avec le fromage blanc, l'ail et la ciboulette. Assaisonnez.

Tartinez sur du pain grillé ou servez avec des bâtonnets de légumes. Pour plus de crémeux, ajoutez 2 c. à soupe de crème fraîche légère ou un filet d'huile d'olive.

Concombre
1/2

Fromage blanc
300 g (à 20 % de MG)

Ail haché
1 gousse

Ciboulette hachée
1/2 botte

… et aussi un peu de
sel et poivre

BROCHETTES DE PASTÈQUE
bresaola et mozzarella

15 min
Sans cuisson
6 pers.
88 cal par portion

Pastèque
1/4

Bresaola
6 tranches

Mozzarella
12 billes

Basilic
1/2 botte

... et aussi un peu de
sel et poivre

1 Coupez des cubes de pastèque et les tranches de bresaola en deux.

2 Sur 12 piques à brochette, alternez la pastèque, la mozzarella et la bresaola en intercalant quelques feuilles de basilic. Assaisonnez et servez.

La bresaola peut être remplacée par de la viande des Grisons ou du jambon cru.

CONCOMBRE
mariné

10 min | Sans cuisson
6 pers. | Repos 2 h
24 cal par portion

Concombre
1 grand

Persil haché
1/4 de botte

Sauce soja
2 c. à soupe

Huile de sésame
1 c. à soupe

... et aussi un peu de
poivre

1 Pelez et coupez le concombre en deux. Retirez les pépins et taillez-le en bâtonnets.

2 Mélangez bien tous les ingrédients dans un saladier. Filmez et réservez au moins 2 h au réfrigérateur.

3 Servez bien frais, avec des cure-dents.

Vous pouvez remplacer le poivre par des baies roses ou ajouter des graines de sésame ou de moutarde.

WRAPS DE SUCRINE
aux crevettes

15 min | Sans cuisson
6 pers. | 41 cal par portion

1 Hachez grossièrement les crevettes et coupez les tomates en quartiers.

2 Garnissez chaque feuille de sucrine de crème, répartissez les crevettes et les tomates. Parsemez de coriandre, assaisonnez et servez.

Pour une touche d'originalité, ajoutez des dés de pomme granny-smith dans la crème.

Cœurs de sucrine
2

Crevettes cuites
100 g

Tomates cerises
150 g

Crème fraîche légère
3 c. à soupe

Coriandre hachée
1/2 botte

... et aussi un peu de
sel et poivre

ROULÉS DE SAUMON

aux asperges

20 min | 10 min

4 pers. | 85 cal par portion

1 Faites cuire les asperges dans un grand volume d'eau salée pendant 8 à 10 min, puis plongez-les immédiatement dans un bain d'eau glacée. Épongez-les.

2 Sur chaque tranche de saumon, déposez 2 ou 3 asperges selon leur taille, un peu de roquette, poivrez, puis enroulez le tout. Roulez dans les graines de pavot avant de découper des tronçons de 3 à 4 cm d'épaisseur.

Asperges vertes
10

Saumon fumé
4-5 tranches

Roquette
1 poignée

Graines de pavot
3 c. à soupe

... et aussi un peu de
sel et poivre

HOUMOUS
à l'avocat

10 min — Sans cuisson

8 pers. — 296 cal par portion

1 Rincez et égouttez les pois chiches. Pressez le citron.

2 Mixez tous les ingrédients jusqu'à obtenir une texture lisse et homogène. Assaisonnez. Réservez au frais jusqu'au moment de servir.

Vous pouvez remplacer l'huile de sésame par de l'huile d'olive.

Pois chiches
1 boîte de 400 g

Avocats bien mûrs
2

Citron vert
1

Huile de sésame
1 filet

... et aussi un peu de
sel et poivre

RILLETTES de thon

10 min
Sans cuisson
4 pers.
78 cal par portion

1 Égouttez le thon et émiettez-le à la fourchette. Mélangez tous les ingrédients et assaisonnez.

Ayez la main légère sur le sel, le thon en conserve étant généralement déjà assez salé. Servez avec des petits toasts ou des bâtonnets de légumes.

Thon au naturel
200 g

Yaourt brassé
1 (soit 125 g)

Échalote émincée
1

Persil haché
1/4 de botte

... et aussi un peu de
sel et poivre

CAVIAR d'aubergine

10 min

25 min

4 pers.

36 cal par portion

1 Coupez l'aubergine en deux. Enveloppez chaque moitié dans une feuille d'aluminium et enfournez pour 25 min à 180 °C.

2 Récupérez la chair et mixez-la avec le yaourt, l'ail et le jus du citron. Arrosez d'huile, assaisonnez et réservez au frais jusqu'au moment de servir.

Ajoutez un peu de persil ou de menthe hachés avant de déguster.

Aubergine
1 grosse

Yaourt nature
1 (soit 125 g)

Ail
1 gousse

Citron
1/2

... et aussi un peu de

huile d'olive (1 filet)

sel et poivre

TARTINADE DE SARDINE
au citron

10 min — Sans cuisson
4 pers. — 91 cal par portion

1 Zestez et pressez le citron. Mélangez tous les ingrédients à l'aide d'une fourchette. Assaisonnez et servez.

Pour que ces rillettes soient vraiment légères, utilisez des sardines qui ne sont pas conservées dans l'huile (on en trouve facilement en grande surface). Vous pouvez les parfumer avec de la ciboulette ciselée.

Sardines sans huile
1 boîte

Citron
1/2

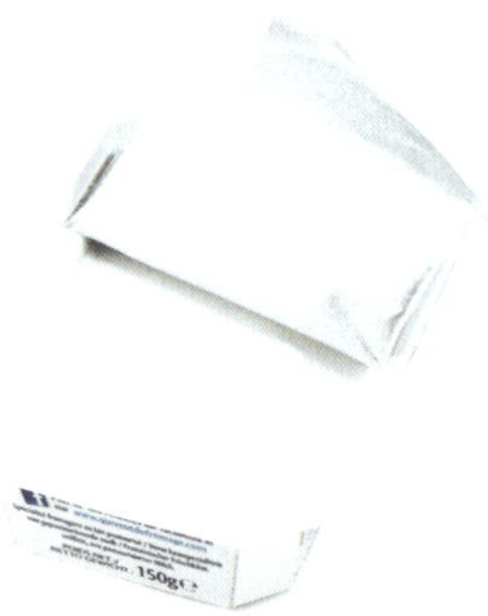

Fromage à tartiner
3 c. à soupe
(type St Môret®)

Moutarde
1 c. à café

... et aussi un peu de
sel et poivre

MINI-SANDWICHS
de concombre au saumon

20 min — Sans cuisson

6 pers. — 96 cal par portion

1 Coupez le concombre en rondelles de 5 mm d'épaisseur.

2 Coupez le saumon en petits dés, mélangez avec l'aneth et assaisonnez.

3 Étalez une fine couche de fromage frais sur la moitié des rondelles de concombre, puis répartissez dessus les dés de saumon. Recouvrez avec les autres rondelles et maintenez le tout avec un cure-dent.

Gardez un peu d'aneth pour décorer le dessus des petits sandwichs.

Concombre
1

Saumon frais
150 g (sans peau)

Fromage à tartiner
100 g (type St Môret®)

Aneth haché
2 branches

... et aussi un peu de
sel et poivre

FALAFELS
au four

10 min

20 min

4 pers.

180 cal par portion

1 Rincez et égouttez les pois chiches. Mixez tous les ingrédients (sauf l'huile) jusqu'à ce que la préparation soit homogène (ajoutez un peu d'eau si elle est trop compacte).

2 Formez 12 petites boules légèrement aplaties. Déposez-les sur la plaque du four recouverte de papier sulfurisé, arrosez d'huile et enfournez pour 20 min à 180 °C.

Servez avec une sauce au yaourt.

Pois chiches
1 boîte de 400 g

Oignon
1

Ail
1 gousse

Coriandre
1/4 de botte

Farine
2 c. à soupe

… et aussi un peu de
huile d'olive (1 filet)
sel et poivre

SAMOUSSAS AUX ÉPINARDS

et à la ricotta

20 min | 20 min

6 pers. | 54 cal par portion

1 Mélangez les épinards avec la ricotta et l'œuf. Assaisonnez.

2 Coupez les feuilles de brick en deux. Pliez chaque feuille en deux dans la longueur, puis déposez 1 c. à soupe de farce à une extrémité et repliez en triangle.

3 Déposez les samoussas sur la plaque du four recouverte de papier sulfurisé, arrosez d'huile, puis enfournez pour 20 min à 180 °C.

Feuilles de brick
5

Épinards hachés
200 g

Ricotta
125 g

Œuf
1

... et aussi un peu de

huile d'olive (1 filet)

sel et poivre

MINI-PIZZAS
d'aubergine

20 min | 35 min

6 pers. | 107 cal par portion

1 Coupez les aubergines en rondelles de 1 cm d'épaisseur. Déposez-les sur la plaque du four recouverte de papier sulfurisé et enfournez pour 20 min à 200 °C.

2 Répartissez dessus de la sauce tomate, une tranche de mozzarella, des quartiers de tomate et du basilic. Assaisonnez et enfournez pour 15 min supplémentaires.

Vous pouvez remplacer la mozzarella par du fromage de chèvre frais coupé en rondelles.

Aubergines
2

Sauce tomate
150 g

Mozzarella
1 boule (125 g)

Tomates cerises
10

Basilic
1/4 de botte

... et aussi un peu de
sel et poivre

TOASTS À L'AVOCAT

et à l'ail

10 min

2 min

4 pers.

71 cal par bouchée

1 Faites griller le pain au grille-pain. Plantez une 1/2 gousse d'ail au bout d'une fourchette et frottez-en le pain.

2 Taillez de fines lamelles d'avocat, puis disposez-les sur le pain.

3 Coupez les toasts en quatre, assaisonnez, arrosez d'huile et parsemez de graines de moutarde.

Vous pouvez ajouter un peu de coriandre ou de menthe hachées juste avant de servir.

Pain noir
Vollkornbrot
4 tranches

Avocats
2

Ail
1 gousse

Graines de moutarde
1/2 c. à café

... et aussi un peu de
huile d'olive (1 filet)
sel et poivre

QUICHE SANS PÂTE
au jambon et à l'estragon

10 min

35 min

6 pers.

125 cal par portion

1 Fouettez les œufs avec la farine, puis délayez petit à petit avec le lait. Ajoutez le jambon, l'oignon et l'estragon, du sel et du poivre.

2 Versez la préparation dans un moule à tarte recouvert de papier sulfurisé et enfournez pour 35 min à 200 °C.

3 Laissez refroidir avant de découper en petits carrés.

Avant d'enfourner, vous pouvez parsemer la quiche de 30 g de fromage râpé.

Œufs
3

Lait écrémé
30 cl

Dés de jambon
120 g

Oignon émincé
1

Estragon haché
3 branches

... et aussi un peu de
farine (60 g)
sel et poivre

PIZZETTAS AUX FIGUES
et au fromage de chèvre

15 min

20 min

8 pers.

177 cal
par pizza

1 Étalez la pâte à pain sur le plan de travail légèrement fariné et découpez-y 8 disques.

2 Déposez harmonieusement sur la pâte les figues coupées en fines lamelles et des rondelles de chèvre. Arrosez de miel. Assaisonnez et enfournez pour 20 min à 180 °C. Servez aussitôt.

Pâte à pain
300 g
(chez le boulanger)

Figues
8

Chèvre frais
1 bûche

Miel
2 c. à soupe

... et aussi un peu de
sel et poivre

TARTELETTES DE BRICK
à la tomate et moutarde

15 min

15 min

4 pers.

38 cal par portion

1 À l'aide d'un emporte-pièce, découpez des disques dans les feuilles de brick. Mélangez les tomates avec la moutarde et du poivre.

2 Superposez 3 disques de brick dans des moules à tartelette. Déposez 1 c. à soupe de farce et enfournez pour 15 min à 180 °C. Parsemez de ciboulette et servez.

Feuilles de brick
5

Tomates concassées
3

Moutarde
2 c. à soupe

Ciboulette hachée
1/4 de botte

... et aussi un peu de
poivre

FLAMMEKUECHE
légère

15 min | 15 min
6 pers. | 164 cal par portion

1 Étalez finement la pâte à pain sur le plan de travail légèrement fariné. Coupez le jambon en allumettes.

2 Mélangez tous les ingrédients et répartissez la garniture sur la pâte. Assaisonnez et enfournez pour 15 min à 220 °C. Coupez aussitôt en petits carrés et servez.

Pour un goût plus fumé, remplacez le jambon par de la viande des Grisons ou du bacon. Dans ce cas, faites attention à la dose de sel.

Pâte à pain
300 g
(chez le boulanger)

Fromage blanc
250 g

Oignons émincés
2

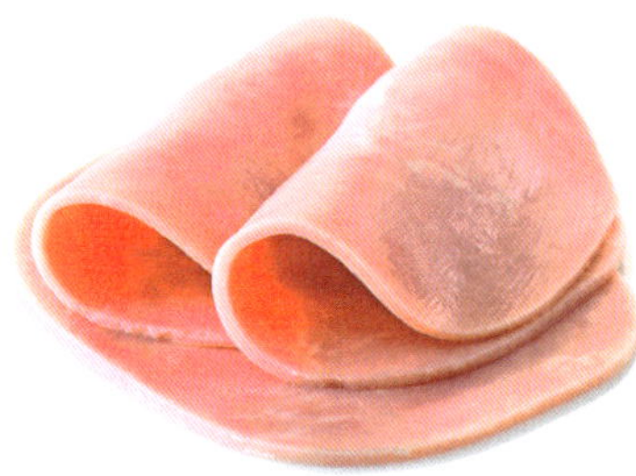

Jambon
150 g

Thym
1/2 c. à café

… et aussi un peu de
sel et poivre

PÊCHES RÔTIES
au jambon cru et au basilic

15 min

20 min

4 pers.

95 cal par portion

1 Coupez les pêches en 8 quartiers et les tranches de jambon en lanières. Enroulez du jambon autour de chaque quartier en glissant 1 ou 2 feuilles de basilic. Fixez le tout avec un cure-dent.

2 Déposez les pêches sur la plaque du four recouverte de papier sulfurisé, arrosez d'huile, poivrez et enfournez pour 20 min à 180 °C.

Pêches
2

Jambon cru
4 tranches

Basilic
1/2 botte

... et aussi un peu de
huile d'olive (1 filet)
poivre

SALSA DE TOMATE
et d'avocat

15 min | Sans cuisson

4 pers. | Repos 1 h

260 cal par portion

1 Coupez les tomates et les avocats en petits dés. Ajoutez la coriandre, puis assaisonnez avec le jus du citron, du Tabasco®, de l'huile, du sel et du poivre.

2 Réservez 1 h au réfrigérateur avant de servir.

Tomates
3

Avocats
2

Coriandre hachée
1/2 botte

Citron vert
1

Tabasco®
1 trait

... et aussi un peu de
huile d'olive (1 filet)
sel et poivre

TAGLIATELLES DE COURGETTE
à la feta et à la menthe

20 min — Sans cuisson

4 pers. — 138 cal par portion

1 À l'aide d'un Économe ou d'une mandoline, taillez de longues lanières dans les courgettes. Ajoutez la feta émiettée, l'échalote et la menthe.

2 Arrosez d'huile, assaisonnez et dégustez bien frais.

Courgettes
3 grosses

Feta
100 g

Échalote émincée
1

Menthe hachée
1/2 botte

... et aussi un peu de

huile d'olive (1 filet)

sel et poivre

SALADE
de pousses d'épinard

10 min | Sans cuisson
4 pers. | 57 cal par portion

1 Mélangez les tomates coupées en deux avec les cranberries.

2 Sur chaque assiette, déposez une belle poignée de pousses d'épinard, ajoutez le mélange tomate-cranberries, puis assaisonnez avec l'huile, le vinaigre, du sel et du poivre.

Pousses d'épinard
100-150 g

Tomates cerises
250 g

Cranberries
1 poignée

Vinaigre balsamique
2 c. à soupe

... et aussi un peu de
huile d'olive (1 filet)
sel et poivre

COLESLAW
aux raisins

20 min | Sans cuisson
4 pers. | Repos 1 h
135 cal par portion

1 Râpez finement le chou (retirez le cœur) et les carottes.

2 Ajoutez les raisins secs et mélangez avec le yaourt, le vinaigre et la moutarde. Assaisonnez.

3 Réservez 1 h au réfrigérateur avant de servir.

Chou blanc
1/2

Carottes
3

Raisins secs
2 poignées

Yaourt nature
1 (soit 125 g)

Vinaigre de cidre
3 c. à soupe

... et aussi un peu de
moutarde (1 c. à café)
sel et poivre

CÉLERI
presque rémoulade

15 min | Sans cuisson

4 pers. | 69 cal par portion

1 Râpez le céleri-rave et mélangez-le avec l'oignon émincé.

2 Mélangez le fromage blanc, la moutarde et le jus du citron, puis versez la sauce sur le céleri. Assaisonnez et servez.

Céleri-rave
1/2

Oignon blanc
1/2

Fromage blanc
150 g

Moutarde
1 c. à café

Citron
1/2

... et aussi un peu de
sel et poivre

TABOULÉ libanais

20 min

Sans cuisson

4 pers.

Repos 1 h

60 cal par portion

1 Hachez finement les herbes. Ajoutez les tomates et l'oignon coupés en dés. Assaisonnez avec le jus du citron, l'huile, du sel et du poivre.

2 Réservez 1 h au réfrigérateur avant de servir.

Pour une salade plus complète, ajoutez 150 g de boulgour ou de quinoa cuits.

Persil
2 bottes

Menthe
1/2 botte

Tomates
2

Oignon
1

Citron
1

... et aussi un peu de
huile d'olive (1 filet)
sel et poivre

CHAMPIGNONS MARINÉS
à la coriandre et au sésame

15 min | Sans cuisson

4 pers. | 66 cal par portion

1 Coupez les champignons en deux ou en quatre selon leur taille. Ajoutez la coriandre et les graines de sésame.

2 Assaisonnez avec l'huile, le vinaigre, du sel et du poivre.

Vous pouvez remplacer l'huile d'olive par de l'huile de sésame. Essayez aussi les graines de sésame noir, qui apportent une touche asiatique.

Champignons
de Paris
500 g

Coriandre hachée
1/4 de botte

Sésame doré ou noir
1 c. à soupe

Vinaigre de vin
2 c. à soupe

... et aussi un peu de
huile d'olive (1 filet)
sel et poivre

SALADE ESTIVALE
à la pastèque

15 min | Sans cuisson
4 pers. | 159 cal par portion

1 Coupez la pastèque et la feta en cubes, et les tomates en quartiers. Mélangez-les.

2 Assaisonnez et réservez au frais jusqu'au moment de servir.

Vous pouvez ajouter une échalote émincée, un peu de menthe ciselée ou encore quelques rondelles d'olives noires.

Pastèque
1/4

Tomates
2

Feta
100 g

Réduction
de balsamique
1 filet

... et aussi un peu de
huile d'olive (1 filet)
sel et poivre

POIREAUX VINAIGRETTE
à l'asiatique

10 min | 25 min | 4 pers. | Repos 3 h | 80 cal par portion

1 Faites cuire les poireaux à la vapeur pendant 20 à 25 min. Laissez refroidir et réservez au moins 3 h au réfrigérateur.

2 Mélangez la sauce soja, l'huile, les graines de sésame et un peu de poivre. Arrosez les poireaux de sauce.

Vous pouvez accompagner cette entrée d'un œuf poché.

Blancs de poireau
4 gros

Sauce soja
2 c. à soupe

Huile de sésame
1 c. à soupe

Graines de sésame
2 c. à soupe

... et aussi un peu de
poivre

TERRINE À LA RICOTTA

et aux poivrons grillés

45 min

Sans cuisson

6 pers.

Repos 12 h

155 cal par portion

1 Faites ramollir la gélatine 10 min environ dans un bol d'eau froide.

2 Mélangez la ricotta avec le basilic, du sel et du poivre. Essorez la gélatine et faites-la fondre au micro-ondes quelques secondes, puis incorporez-la à la ricotta.

3 Dans un moule à cake chemisé de film alimentaire, alternez les couches de poivrons grillés et de ricotta. Couvrez et réservez 1 nuit au réfrigérateur.

Servez avec une salade de roquette.

Ricotta
500 g

Poivrons grillés
2 bocaux

Basilic haché
1 botte

Gélatine
4 feuilles

... et aussi un peu de
sel et poivre

SALADE DE MELON
à la mozzarella et à la menthe

15 min

Sans cuisson

4 pers.

178 cal par portion

1 Prélevez des billes de melon à l'aide d'une cuillère parisienne.

2 Mélangez-les avec la mozzarella coupée en cubes, la menthe et la roquette. Assaisonnez avant de servir.

Melon
1

Mozzarella
1 boule (125 g)

Menthe hachée
1/2 botte

Roquette
2 poignées

... et aussi un peu de

huile d'olive (1 filet)

sel et poivre

RADIS À LA CRÈME
et à la ciboulette

15 min | Sans cuisson

4 pers. | 166 cal par portion

1 Coupez les radis en fines rondelles et mélangez-les avec l'oignon émincé et la ciboulette.

2 Ajoutez la crème, assaisonnez et mélangez bien.

Radis
1 botte

Oignon rouge
1/2

Ciboulette hachée
1/2 botte

Crème fraîche légère
5 c. à soupe
(à 5 % de MG)

... et aussi un peu de
sel et poivre

SALADE DE CONCOMBRE
au yaourt et à la menthe

10 min

Sans cuisson

4 pers.

28 cal par portion

Concombre
1 gros

Yaourt brassé
1 (soit 125 g)

Menthe hachée
8-10 feuilles

Ail haché
1 gousse

... et aussi un peu de
sel et poivre

1 Coupez le concombre en fines rondelles. Mélangez-le avec le yaourt, la menthe et l'ail.

2 Assaisonnez et réservez au frais jusqu'au moment de servir.

Si vous digérez mal le concombre, vous pouvez le faire dégorger 1 h dans du gros sel avant de réaliser la recette. Attention à bien le rincer pour retirer l'excédent de sel.

SALADE DE CAROTTES
au cumin

15 min — Sans cuisson

4 pers. — 119 cal par portion

1 Râpez les carottes finement. Mélangez-les avec l'oignon émincé.

2 Ajoutez le zeste et le jus de l'orange, puis assaisonnez avec le cumin, l'huile, du sel et du poivre.

Pour agrémenter cette salade, ajoutez un peu de coriandre hachée. Vous pouvez aussi y apporter quelques dés de feta.

Carottes
5

Oignon rouge
1

Orange
1

Cumin en poudre
1/2 c. à café

... et aussi un peu de

huile de colza (1 filet)

sel et poivre

CEVICHE DE DORADE
aux framboises

15 min — Sans cuisson

4 pers. — 121 cal par portion

1 Mélangez l'échalote, le jus et le zeste des citrons et l'huile. Assaisonnez.

2 Hachez grossièrement le poisson, puis arrosez-le de marinade. Ajoutez les framboises et servez très frais.

Ajoutez un peu de cerfeuil ou de basilic ciselés pour agrémenter ce ceviche.

Filets de dorade
400 g

Framboises
250 g

Échalote émincée
1

Citrons verts
2

... et aussi un peu de

huile d'olive (1 filet)

sel et poivre

TERRINE DE CABILLAUD
au citron et à l'aneth

15 min

40 min

6 pers.

Repos 12 h

110 cal par portion

1 Zestez les citrons. Mixez tous les ingrédients jusqu'à ce que la préparation soit homogène. Assaisonnez.

2 Versez la préparation dans un moule à cake recouvert de papier sulfurisé et enfournez pour 40 min à 180 °C. Laissez tiédir, puis réservez 1 nuit au réfrigérateur. Servez la terrine en tranches.

Accompagnez la terrine d'une salade verte ou d'une sauce au yaourt.

Filets de cabillaud
600 g (sans peau)

Citrons
2

Aneth
1 botte

Œufs
5

Lait
3 c. à soupe

... et aussi un peu de
sel et poivre

SALADE DE CRABE
à la pomme verte

15 min — Sans cuisson

4 pers. — 127 cal par portion

1 Coupez les pommes en bâtonnets, puis mélangez-les avec le jus et le zeste du citron.

2 Mélangez tous les ingrédients, puis assaisonnez. Servez bien frais.

En plus de parfumer cette entrée, le jus de citron empêche les bâtonnets de pomme de s'oxyder et de noircir.

Chair de crabe
350 g

Pommes granny
2

Citron vert
1

Aneth haché
1/2 botte

Crème fraîche légère
2 c. à soupe

… et aussi un peu de
sel et poivre

SALADE DE CREVETTES
à la mangue

15 min | Sans cuisson
4 pers. | 183 cal par portion

1 Coupez la mangue en petits dés. Mélangez-les avec les crevettes décortiquées, l'oignon émincé et la coriandre.

2 Déposez un lit de mâche sur chaque assiette, puis les crevettes à la mangue par-dessus. Assaisonnez.

Pour une version plus complète, ajoutez 1 avocat et 1 tomate coupés en dés.

Crevettes cuites
15-20 grosses

Mangue
1

Oignon rouge
1

Coriandre hachée
1/2 botte

Mâche
2 poignées

... et aussi un peu de
huile d'olive (1 filet)
sel et poivre

GASPACHO andalou

15 min | Sans cuisson

4 pers. | Repos 2 h

110 cal par portion

1 Réalisez une petite incision en croix à la base des tomates. Plongez les tomates 20 secondes dans une grande casserole d'eau bouillante. Déposez-les dans un saladier d'eau glacée, puis retirez la peau.

2 Pelez le concombre, puis coupez grossièrement tous les légumes. Assaisonnez, puis mixez le tout jusqu'à obtenir une texture homogène.

3 Réservez au moins 2 h au réfrigérateur. Servez bien frais.

Tomates bien mûres
6

Poivron rouge
1

Concombre
1

Oignon blanc
1

Vinaigre de xérès
1 filet

... et aussi un peu de

huile d'olive (1 filet)

sel et poivre

GASPACHO DE BETTERAVE

au yaourt

10 min | Sans cuisson

4 pers. | Repos 1 h

71 cal par portion

1 Mixez tous les ingrédients. Ajoutez un peu d'eau petit à petit jusqu'à ce que le mélange soit homogène.

2 Réservez au moins 1 h au réfrigérateur avant de servir.

Betteraves cuites
3

Yaourt nature
1 (soit 125 g)

Oignon nouveau
1

Persil
1/4 de botte

... et aussi un peu de
huile d'olive (1 filet)
sel et poivre

SOUPE DE POIVRONS
au romarin

15 min | 30 min

4 pers. | 165 cal par portion

1 Faites revenir l'oignon et les poivrons coupés en morceaux dans une cocotte avec l'huile.

2 Lorsqu'ils commencent à dorer, couvrez d'eau, ajoutez le romarin et assaisonnez. Laissez cuire 25 min à couvert. Ajoutez la crème et mixez.

Poivrons rouges
600 g

Oignon émincé
1

Romarin
1 branche

Crème fraîche légère
15 cl

... et aussi un peu de
huile d'olive (1 filet)
sel et poivre

VELOUTÉ DE MAÏS
à la crème

15 min

10 min

4 pers.

221 cal par portion

1 Dans une casserole, portez à ébullition le maïs et son eau de conservation avec 15 cl d'eau supplémentaires et l'oignon.

2 Mixez et filtrez pour retirer les peaux restantes. Remettez le tout dans la casserole, ajoutez la crème, assaisonnez et gardez au chaud jusqu'au moment de servir.

3 Ajoutez un peu d'eau si nécessaire pour ajuster la consistance, puis parsemez de ciboulette.

Maïs en conserve
600 g

Crème fraîche légère
10 cl

Oignon émincé
1

Ciboulette hachée
quelques brins

... et aussi un peu de
sel et poivre

CRÈME DE POTIRON
au lait de coco

10 min

20 min

4 pers.

226 cal
par portion

1 Déposez tous les ingrédients dans une grande casserole et couvrez d'eau à hauteur.

2 Portez à ébullition, puis baissez le feu et laissez cuire 20 min à feu doux. Mixez et servez bien chaud.

Potiron
600 g

Lait de coco allégé
30 cl

Oignon émincé
1

Curry en poudre
1 c. à café

... et aussi un peu de
sel et poivre

SALADE DE POULET

aux fèves et aux asperges

25 min | 25 min

6 pers. | Repos 2 h

361 cal par portion

1 Faites cuire les asperges 5 à 7 min à l'eau bouillante salée. Sortez-les à l'aide d'une écumoire et déposez-les dans un saladier d'eau glacée. Remplacez-les par les fèves et laissez cuire 5 min. Déposez les fèves dans de l'eau glacée.

2 Plongez le poulet dans le bouillon et laissez cuire 10 min environ, puis égouttez-le.

3 Coupez les asperges en petits tronçons, puis mélangez-les avec les fèves, le poulet, l'huile, du sel et du poivre. Réservez au moins 2 h au réfrigérateur. Au moment de servir, ajoutez le cerfeuil.

Ajoutez un peu de curry ou de cumin dans l'eau de cuisson pour parfumer cette salade.

Blancs de poulet
3 (coupés en tranches)

Fèves surgelées
400 g

Asperges vertes
1 botte

Cerfeuil haché
1/2 botte

... et aussi un peu de

huile d'olive (1 filet)

sel et poivre

SALADE
presque Caesar

15 min | 12 min
4 pers. | 257 cal par portion

1 Coupez le pain en morceaux et déposez-le sur la plaque du four recouverte de papier sulfurisé. Enfournez pour 10 à 12 min à 180 °C, jusqu'à ce qu'il soit bien doré.

2 Mélangez le poulet coupé en tranches avec le yaourt, la moutarde, du sel et du poivre.

3 Sur chaque assiette, déposez un lit de salade, ajoutez le poulet et parsemez de croûtons.

Ajoutez un peu de ciboulette ciselée au dernier moment.

Salade verte
200 g (type romaine)

Blancs de poulet
4 (grillés ou vapeur)

Pain aux céréales
120 g

Yaourt nature
1 (soit 125 g)

Moutarde
1 c. à soupe

... et aussi un peu de
sel et poivre

SALADE TIÈDE DE DINDE
aux nectarines

20 min | 8 min
4 pers. | 220 cal par portion

1 Assaisonnez les escalopes de dinde. Faites chauffer l'huile dans une poêle antiadhésive et faites-les dorer 4 min de chaque côté. Coupez-les en lanières.

2 Sur chaque assiette, déposez un lit de roquette, des quartiers de nectarine, des lanières de dinde et assaisonnez de sel, poivre, huile et vinaigre balsamique.

Escalopes de dinde
4

Nectarines jaunes
2

Roquette
150 g

Huile d'olive
1 filet + pour la cuisson

Vinaigre balsamique
2 c. à soupe

... et aussi un peu de
sel et poivre

SALADE DE BŒUF
à la thaïe

15 min

5 min

4 pers.

250 cal par portion

1 Coupez les tomates en quartiers. Pelez le concombre et émincez-le avec l'oignon. Mélangez tous les légumes et ajoutez le jus et le zeste du citron, du piment et du sel.

2 Faites chauffer l'huile dans une poêle et faites cuire la viande de 1 min à 1 min 30 de chaque côté (elle doit rester crue à l'intérieur). Laissez tiédir et coupez-la en fines lamelles.

3 Récupérez le jus de cuisson de la viande et ajoutez-le aux légumes. Servez les lamelles de bœuf sur les légumes.

Servez avec de la laitue iceberg et de la coriandre ciselée. Selon vos goûts, vous pouvez ajouter également du piment frais.

Rumsteck
400 g

Tomates
3

Concombre
1

Oignon rouge
1

Citron vert
1

... et aussi un peu de

huile d'olive (1 filet)
piment en poudre
sel

SALADE EXOTIQUE
bresaola et trévise

15 min — Sans cuisson

4 pers. — 98 cal par portion

1 Émincez la salade, puis mélangez-la avec la mangue coupée en cubes et la bresaola en lanières.

2 Assaisonnez avec l'huile, le vinaigre, du sel et du poivre.

La trévise est une salade forte en goût et légèrement amère. Elle se marie très bien avec des aliments sucrés. Pour une touche d'originalité supplémentaire, ajoutez quelques framboises et pourquoi pas une tranche de saumon fumé.

Salade trévise
1

Mangue
1

Bresaola
10 tranches

Vinaigre de framboise
2 c. à soupe

... et aussi un peu de

huile d'olive (1 filet)

sel et poivre

SALADE D'ÉPEAUTRE
au bœuf et aux poivrons

20 min

35 min

6 pers.

310 cal par portion

1 Rincez le petit épeautre, puis déposez-le dans une casserole avec 3 fois son volume d'eau froide salée. Portez à ébullition et laissez cuire selon les indications du paquet (comptez 35 min environ). Rincez et égouttez.

2 Ajoutez les poivrons coupés en lanières, le persil, puis assaisonnez d'huile, de vinaigre, de sel et de poivre. Servez avec le rôti découpé en fines tranches.

Si vous faites tremper le petit épeautre toute une nuit dans de l'eau froide, vous pourrez réduire le temps de cuisson d'environ 10 min.

Petit épeautre
350 g

Rôti de bœuf froid
150 g

Poivrons
3 de différentes couleurs

Persil haché
1/2 botte

Vinaigre balsamique
2 c. à soupe

... et aussi un peu de
huile d'olive (1 filet)
sel et poivre

SALADE PIÉMONTAISE
légère

20 min | 25 min
4 pers. | Repos 2 h
248 cal par portion

1 Faites cuire les pommes de terre dans un grand volume d'eau salée pendant 20 à 25 min. Pelez-les et réservez-les au moins 2 h au réfrigérateur.

2 Coupez les pommes de terre en cubes, les tomates en quartiers et les cornichons en rondelles. Mélangez tous les ingrédients, assaisonnez et servez.

Laissez bien refroidir les pommes de terre au réfrigérateur : vous aurez beaucoup plus de facilité pour les détailler en cubes. Ajoutez éventuellement 2 œufs durs et de la ciboulette ciselée à cette salade.

Pommes de terre
à chair ferme
500-600 g

Tomates
4

Talon de jambon
200 g (dégraissé et coupé en dés)

Cornichons
10-12

Yaourt nature
1 (soit 125 g)

... et aussi un peu de
moutarde (1 c. à soupe)
sel et poivre

SALADE DE POMMES DE TERRE
au haddock et au fenouil

20 min

25 min

4 pers.

Repos
2 h

216 cal
par portion

1 Faites cuire les pommes de terre dans un grand volume d'eau salée pendant 20 à 25 min. Laissez-les tiédir, puis pelez-les et réservez-les au moins 2 h au réfrigérateur.

2 Coupez les pommes de terre en cubes et mélangez-les avec le fenouil émincé (conservez les pluches), le yaourt et la moutarde. Assaisonnez.

3 Répartissez la salade sur les assiettes, puis ajoutez le haddock. Parsemez de pluches de fenouil et servez.

Pommes de terre
à chair ferme
600 g

Haddock
200 g

Fenouil
1

Yaourt nature
1 (soit 125 g)

Moutarde
1 c. à soupe

... et aussi un peu de
sel et poivre

SALADE DE POIS CHICHES
au thon

10 min
Sans cuisson
4 pers.
230 cal par portion

1 Rincez et égouttez les pois chiches. Égouttez le thon et émiettez-le à la fourchette.

2 Mélangez ces ingrédients avec la roquette hachée et l'oignon émincé. Assaisonnez en huile, vinaigre, sel et poivre. Réservez au frais jusqu'au moment de servir.

Ajoutez 1 c. à café de moutarde forte pour relever le goût de cette salade.

Pois chiches
350 g (poids égoutté)

Thon au naturel
265 g

Roquette
2 poignées

Oignon rouge
1

Vinaigre de cidre
2 c. à soupe

... et aussi un peu de
huile d'olive (1 filet)
sel et poivre

SALADE D'ENDIVES
à la hollandaise

15 min — Sans cuisson

4 pers. — 148 cal par portion

1 Retirez le cœur des endives et émincez-les. Ajoutez le gouda coupé en cubes et le saumon en lanières.

2 Mélangez la pomme détaillée en bâtonnets avec le jus du citron et l'huile, puis ajoutez le tout dans la salade. Salez, poivrez et dégustez.

Ajoutez quelques noix concassées.

Endives
3

Gouda
80 g

Saumon fumé
2 tranches

Pomme golden
1

Citron
1

... et aussi un peu de
huile de noix (1 filet)
sel et poivre

SALADE DE RIZ ET DE THON
sucrée-salée

20 min

10 min

4 pers.

327 cal par portion

1 Faites cuire le riz dans un grand volume d'eau salée selon les indications du paquet. Rincez à l'eau froide et égouttez.

2 Coupez les pommes en cubes, rincez et égouttez le maïs. Ajoutez tous les ingrédients au riz, mélangez, assaisonnez et servez.

Vous pouvez parsemer la salade de coriandre hachée.

Riz
240 g

Thon au naturel
265 g

Pommes granny
2

Maïs
1 boîte de 300 g

Yaourt nature
1 (soit 125 g)

... et aussi un peu de

moutarde (1 c. à soupe)

sel et poivre

SALADE DE LENTILLES
au haddock

15 min

25 min

4 pers.

393 cal par portion

1 Portez un grand volume d'eau à ébullition, puis ajoutez les lentilles et laissez cuire 25 min environ. Rincez et égouttez.

2 Ajoutez les échalotes, assaisonnez avec l'huile, le vinaigre, du sel et du poivre. Servez dans des assiettes creuses et répartissez des lamelles de haddock.

Servez avec du persil haché.

Lentilles vertes
350 g

Filet de haddock
250 g

Échalotes hachées
2

Vinaigre de cidre
2 c. à soupe

... et aussi un peu de

huile d'olive (1 filet)

sel et poivre

SALADE DE CAROTTES
aux crevettes et aux pois chiches

15 min | Sans cuisson

4 pers. | 268 cal par portion

1 Mélangez le jus et le zeste de l'orange avec l'huile, du piment et du sel.

2 Râpez les carottes, décortiquez les crevettes, rincez et égouttez les pois chiches. Mélangez tous les ingrédients et assaisonnez avec la vinaigrette à l'orange.

Servez avec du persil haché.

Carottes
5

Crevettes cuites
200 g

Pois chiches
1 boîte de 400 g

Orange
1

... et aussi un peu de
huile d'olive (1 filet)
piment d'Espelette
sel

SALADE DE QUINOA
à la roquette et aux myrtilles

15 min | 15 min
4 pers. | 330 cal par portion

1 Faites cuire le quinoa selon les indications du paquet (comptez 15 min environ dans 2 fois son volume d'eau). Rincez et égouttez.

2 Ajoutez la roquette, les myrtilles et l'oignon émincé, arrosez d'huile, salez et poivrez. Servez bien frais.

Vous pouvez apporter une touche d'acidité avec un peu de jus de citron.

Quinoa
300 g

Roquette
3 poignées

Myrtilles
125 g

Oignon rouge
1

… et aussi un peu de

huile d'olive (1 filet)
sel et poivre

TABOULÉ DE CHOU-FLEUR

aux poivrons et aux tomates

20 min — Sans cuisson

4 pers. — 169 cal par portion

1 Râpez finement les fleurettes de chou-fleur pour obtenir une consistance de semoule. Pelez les poivrons et coupez-les en dés avec les tomates.

2 Ajoutez dans la semoule les dés de tomate et de poivron, le persil et les raisins secs. Arrosez d'huile, salez et poivrez. Réservez au frais jusqu'au moment de servir.

Vous pouvez aussi réaliser cette recette avec une tête de brocoli pour un taboulé tout vert.

Chou-fleur
1

Tomates
3

Poivrons
2

Persil haché
1 botte

Raisins secs
60 g

... et aussi un peu de
huile d'olive (1 filet)
sel et poivre

SALADE
de potimarron rôti

15 min

35 min

4 pers.

170 cal par portion

1 Déposez le potimarron coupé en quartiers sur la plaque du four recouverte de papier sulfurisé, salez, poivrez et entourez-le de l'ail grossièrement haché. Enfournez pour 35 min à 180 °C.

2 Sur chaque assiette, déposez un lit de mâche, ajoutez le potimarron rôti, quelques graines de courge et assaisonnez d'huile, de vinaigre, de sel et de poivre.

Vous pouvez remplacer les graines de courge par des noix.

Potimarron
1

Mâche
150 g

Ail
3 gousses

Huile de noix
1 filet

Vinaigre balsamique
2 c. à soupe

... et aussi un peu de
graines de courge (50 g)
sel et poivre

SALADE DE BLÉ
à l'orange et à l'avocat

15 min

10 min

6 pers.

306 cal par portion

1 Faites cuire le blé dans un grand volume d'eau salée selon les indications du paquet (comptez 10 min environ). Rincez à l'eau froide et égouttez.

2 Pelez les oranges, taillez-les en grosses rondelles, puis coupez chaque rondelle en quatre en veillant à récupérer le maximum de jus. Mélangez-les avec les avocats coupés en cubes, l'huile, du sel et du poivre. Ajoutez le blé, le persil et servez.

Blé précuit
240 g

Oranges
2

Avocats
2

Persil haché
1/2 botte

... et aussi un peu de
huile d'olive (1 filet)
sel et poivre

SALADE D'AUTOMNE
aux lentilles

15 min | 30 min

4 pers. | 352 cal par portion

1 Faites cuire les lentilles dans un grand volume d'eau selon les indications sur le paquet. Rincez à l'eau froide et égouttez.

2 Ajoutez les échalotes, l'huile, du sel et du poivre, puis répartissez les lentilles sur les assiettes.

3 Déposez des morceaux de fromage au milieu, les poires coupées en lamelles sur le côté et parsemez de noix.

Ne salez jamais l'eau de cuisson des lentilles et autres légumes secs. Salez toujours en fin de cuisson. Vous pouvez choisir un autre fromage persillé que le roquefort.

Lentilles vertes
200 g

Roquefort
80 g

Poires
2

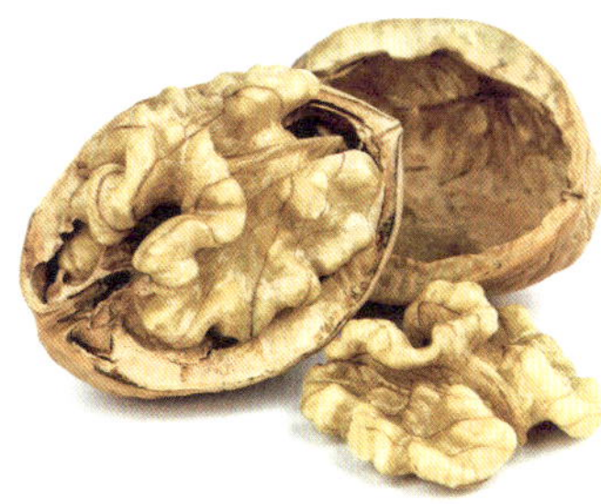

Noix concassées
20 g

Échalotes émincées
2

... et aussi un peu de
huile d'olive (1 filet)
sel et poivre

SALADE DE COCOS
à la betterave et feta

15 min

30 min

4 pers.

178 cal par portion

1 Faites cuire les haricots dans un grand volume d'eau pendant 25 à 30 min. Rincez, égouttez et laissez refroidir.

2 Mélangez les haricots avec les betteraves coupées en cubes, la feta et le basilic. Arrosez d'huile, salez, poivrez et dégustez.

Servez avec de la mâche.

Cocos de Paimpol
1 kg (400 g écossés)

Betteraves cuites
2 petites

Feta émiettée
100 g

Basilic haché
1/2 botte

Huile de noix
1 filet

... et aussi un peu de
sel et poivre

SALADE DE CHOU
et œuf mollet

20 min

6 min

4 pers.

183 cal par portion

1 Retirez les parties dures du cœur du chou, puis émincez-le finement. Mélangez-le avec la pomme.

2 Mélangez le fromage blanc, le persil, la moutarde, du sel et du poivre, puis ajoutez cette sauce à la salade. Réservez au frais.

3 Plongez délicatement les œufs dans de l'eau bouillante et laissez-les cuire 6 min dès la reprise de l'ébullition. Servez-les avec la salade.

Ajoutez 1 c. à soupe de vinaigre blanc dans l'eau de cuisson des œufs : cela empêche qu'ils se fendent et perdent du blanc.

Chou rouge
1/2

Œufs extra-frais
4

Pomme râpée
1

Fromage blanc
125 g

Persil haché
1/4 de botte

... et aussi un peu de

moutarde (1 c. à café)

sel et poivre

SALADE mexicaine

15 min — Sans cuisson

4 pers. — 166 cal par portion

1 Mixez le yaourt avec la coriandre, du piment et du sel. Ajoutez un peu d'eau si la sauce est trop épaisse.

2 Mélangez les haricots et le maïs rincés et égouttés, l'oignon émincé, puis ajoutez la sauce. Servez bien frais.

Vous pouvez ajouter du poivron rouge en cubes et quelques tomates cerises coupées en deux.

Haricots rouges
1 boîte de 400 g

Maïs
1 boîte de 300 g

Oignon rouge
1

Yaourt nature
1 (soit 125 g)

Coriandre
1 botte

... et aussi un peu de
piment en poudre
sel

VELOUTÉ DE CAROTTE
à la bière

15 min

35 min

4 pers.

95 cal par portion

1 Dans une grande casserole, déposez les carottes coupées en rondelles et l'oignon, puis versez la bière. Ajoutez de l'eau à hauteur, salez, poivrez et faites cuire 35 min à feu moyen.

2 Mixez, rectifiez l'assaisonnement. Parsemez de ciboulette et servez.

Pour une version plus gourmande, ajoutez 10 cl de crème fraîche légère juste avant de mixer.

Carottes
500 g

Bière blonde
20 cl

Oignon haché
1

Ciboulette hachée
1/2 botte

... et aussi un peu de
sel et poivre

SOUPE de cresson

15 min

25 min

4 pers.

131 cal par portion

Cresson
2 bottes

Pommes de terre
2 (grosses)

Oignon émincé
1

Crème fraîche légère
3 c. à soupe

... et aussi un peu de
sel et poivre

1 Pelez et coupez les pommes de terre en morceaux, émincez l'oignon.

2 Dans une grande casserole, déposez tous les légumes, ajoutez 1,2 l d'eau, salez, poivrez et laissez cuire 25 min.

3 Mixez, ajoutez la crème et servez.

SOUPE DE LENTILLES CORAIL
au lait de coco

15 min | 30 min
4 pers. | 365 cal par portion

1 Déposez tous les ingrédients dans une casserole et ajoutez 1 l d'eau. Portez à ébullition, puis baissez le feu, couvrez et laissez cuire 30 min en remuant de temps en temps.

2 Mixez et ajoutez un peu d'eau si nécessaire pour ajuster la consistance. Servez bien chaud.

Vous pouvez ajouter du curry et de la coriandre ciselée pour parfumer cette soupe de saveurs indiennes.

Lentilles corail
250 g

Lait de coco
20 cl

Tomates concassées
1 boîte de 400 g

Échalotes hachées
2

... et aussi un peu de
sel et poivre

CRÈME DE CHOU-FLEUR
au pain d'épices

20 min | 30 min
4 pers. | 169 cal par portion

1 Dans une grande casserole, déposez les bouquets de chou-fleur et l'oignon, salez et poivrez. Couvrez d'eau et laissez cuire 30 min à feu doux, à couvert.

2 Pendant ce temps, coupez le pain d'épices en petits cubes. Déposez-les sur la plaque du four recouverte de papier sulfurisé et enfournez pour 15 min à 180 °C en les retournant de temps de temps.

3 Ajoutez la crème dans la soupe et mixez. Répartissez dans 4 assiettes creuses et parsemez de croûtons de pain d'épices.

Chou-fleur
1

Pain d'épices
4 petites tranches

Oignon émincé
1

Crème fraîche légère
20 cl

... et aussi un peu de
sel et poivre

SOUPE DE POTIMARRON
au gingembre

15 min | 30 min

4 pers. | 159 cal par portion

1 Videz le potimarron et coupez la chair en dés. Dans une cocotte, faites-le revenir avec les oignons et le gingembre dans l'huile.

2 Lorsque les légumes commencent à se colorer, couvrez d'eau à hauteur, salez, poivrez, puis laissez cuire 25 min à couvert. Mixez et servez la soupe.

Le potimarron a deux avantages : il a un goût légèrement sucré de châtaigne et sa peau est comestible. Fini la corvée d'épluchage !

Potimarron
1

Gingembre haché
2 cm

Oignons émincés
2

... et aussi un peu de
huile d'olive (1 filet)
sel et poivre

VELOUTÉ DE POIREAU
et de pomme de terre au cerfeuil

10 min

30 min

4 pers.

231 cal par portion

1 Émincez les poireaux, pelez et coupez les pommes de terre en morceaux.

2 Déposez tous les ingrédients (sauf le cerfeuil) dans une grande casserole et ajoutez 50 cl d'eau. Portez à ébullition, puis baissez le feu et laissez cuire 30 min.

3 Mixez, parsemez de cerfeuil et servez.

Poireaux
4

Pommes de terre
4 (type bintje)

Lait demi-écrémé
ou écrémé
50 cl

Noix de muscade
1 pincée

Cerfeuil haché
1 botte

... et aussi un peu de
sel et poivre

SOUPE DE TOMATES
au piment d'Espelette

15 min

30 min

4 pers.

120 cal
par portion

1 Déposez tous les ingrédients (sauf le pain) dans une grande casserole et portez à ébullition. Baissez le feu, couvrez et laissez cuire 20 min.

2 Ajoutez le pain coupé en morceaux et poursuivez la cuisson pendant 10 min.

3 Mixez, puis rectifiez l'assaisonnement avant de servir.

En été, vous pouvez réaliser cette soupe avec des tomates fraîches et la déguster glacée.

Tomates pelées au jus
1 kg

Piment d'Espelette
1/2 c. à café

Oignons émincés
2

Ail haché
1 gousse

Pain complet
2 tranches

... et aussi un peu de
herbes de Provence
(1/2 c. à café)
sel

BOUILLON AUX LÉGUMES
et au tofu

15 min | 20 min
4 pers. | 182 cal par portion

1 Faites chauffer l'huile dans une grande casserole et faites-y revenir le tofu coupé en dés quelques minutes avant d'ajouter les légumes finement émincés ou taillés en fins bâtonnets. Faites suer pendant 5 min.

2 Ajoutez la sauce soja et 1,2 l d'eau. Laissez cuire 10 min, poivrez et servez.

Vous pouvez préparer ce bouillon à l'avance, puis le réchauffer juste avant de servir : ainsi, il aura meilleur goût, car les légumes auront infusé plus longtemps.

Chou vert
1/2

Carottes
3

Champignons de Paris
200 g

Tofu ferme
200-300 g

Sauce soja
3 c. à soupe

... et aussi un peu de
huile de sésame (1 filet)
poivre

CRÈME DE BROCOLI
au lait d'amande

10 min | 20 min

4 pers. | 264 cal par portion

1 Pelez et coupez les pommes de terre en morceaux.

2 Déposez tous les ingrédients (sauf les amandes) dans une casserole et couvrez d'eau à hauteur. Portez à ébullition, baissez le feu et laissez cuire 20 min à feu doux.

3 Pendant ce temps, faites griller à sec les amandes dans une poêle bien chaude.

4 Mixez et servez la soupe parsemée d'amandes effilées.

Vous pouvez utiliser du brocoli surgelé.

Brocoli
500 g

Lait d'amande
50 cl

Pommes de terre
2

Oignon émincé
1

Amandes effilées
2 c. à soupe

... et aussi un peu de
sel et poivre

SOUPE DE PATATES DOUCES

au ras el-hanout

15 min

30 min

4 pers.

138 cal par portion

1 Coupez les patates douces en gros cubes. Hachez l'ail. Déposez tous les ingrédients (sauf la crème) dans une grande casserole, couvrez d'eau à hauteur et laissez cuire 30 min à feu doux.

2 Mixez avec la crème et rectifiez l'assaisonnement.

Vous pouvez remplacer la crème par du lait de coco.

Patates douces
500 g

Ras el-hanout
1/2 c. à café

Ail
2 gousses

Crème liquide légère
10 cl

... et aussi un peu de
sel et poivre

PIZZAS
à la courge butternut

20 min

30 min

4 pers.

377 cal par portion

1 Déposez la courge coupée en fines lamelles sur la plaque du four recouverte de papier sulfurisé. Assaisonnez, arrosez d'huile et enfournez pour 15 min à 200 °C.

2 Séparez la pâte à pain en quatre, puis étalez-la finement. Déposez 1 c. à soupe de crème sur chaque disque, salez, poivrez et disposez harmonieusement les lamelles de butternut. Ajoutez la moitié des oignons émincés et enfournez pour 15 min à 230 °C.

3 Ajoutez le reste des oignons sur les pizzas et servez aussitôt.

Servez avec du mesclun. Pour une version plus complète, vous pouvez ajouter du fromage de chèvre frais.

Pâte à pain
300 g
(chez le boulanger)

Courge butternut
1

Oignons nouveaux
2

Crème fraîche légère
4 c. à soupe

... et aussi un peu de
huile d'olive (1 filet)
sel et poivre

PIZZA
verte

15 min | 20 min
4 pers. | 339 cal par portion

1 Mixez la moitié de la roquette avec la ricotta, l'ail, du sel et du poivre.

2 Étalez finement la pâte à pain sur le plan de travail fariné, recouvrez-la du mélange et déposez-la sur la plaque du four recouverte de papier sulfurisé. Enfournez pour 20 min à 230 °C.

3 Ajoutez le reste de la roquette sur la pizza, arrosez d'huile et servez immédiatement.

Pâte à pain
300 g
(chez le boulanger)

Roquette
300 g

Ricotta
250 g

Ail
1 gousse

... et aussi un peu de
huile d'olive (1 filet)
sel et poivre

LAHMACUNS (pizzas turques)

20 min

10 min

4 pers.

377 cal par portion

1 Mélangez le bœuf avec l'oignon haché finement et les tomates concassées. Ajoutez le piment et du sel.

2 Séparez la pâte à pain en quatre. Étalez chaque pâton en un disque fin sur le plan de travail légèrement fariné. Répartissez la garniture en couche fine et enfournez pour 10 min à 200 °C sur la plaque du four recouverte de papier sulfurisé.

Traditionnellement, les lahmacuns se dégustent enroulés avec de la salade, du persil, des oignons émincés et du citron. Vous pouvez remplacer le bœuf par de l'agneau.

Pâte à pain
400 g
(chez le boulanger)

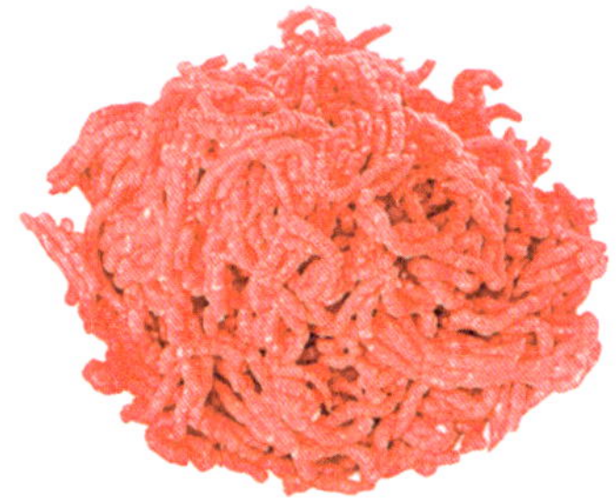

Bœuf haché
200 g (à 5 % de MG)

Oignon
1

Tomates
2

Piment en poudre
1/2 c. à café

… et aussi un peu de
sel

FOCACCIA
aux courgettes

15 min

20 min

4 pers.

318 cal par portion

1 Étalez finement la pâte à pain en rectangle sur le plan de travail légèrement fariné, puis piquez la pâte à l'aide d'une fourchette.

2 Disposez harmonieusement les courgettes coupées en fines rondelles, parsemez de thym, arrosez d'huile et assaisonnez. Enfournez pour 20 min à 210 °C.

Pour un aspect coloré, utilisez une courgette verte et une courgette jaune. Servez avec une salade de roquette.

Pâte à pain
400 g
(chez le boulanger)

Courgettes
2

Thym frais
4 branches

... et aussi un peu de
huile d'olive (1 filet)
sel et poivre

POULET RÔTI
aux pommes et au gingembre

15 min

1 h 15

4 pers.

384 cal par portion

1 Déposez les pommes coupées en quartiers, les oignons et le gingembre dans un plat allant au four. Assaisonnez, ajoutez le thym et 10 cl d'eau.

2 Déposez le poulet par-dessus et enfournez pour 1 h à 1 h 15 à 180 °C, en arrosant régulièrement avec le jus de cuisson.

Choisissez de préférence des pommes canada ou chanteclerc.

Poulet
1

Pommes
5

Gingembre haché
1 cm

Oignons émincés
2

Thym
2 branches

... et aussi un peu de
sel et poivre

POULET
à la libanaise

10 min

15 min

4 pers.

Repos
3 h

217 cal
par portion

1 Mélangez le yaourt avec le jus et le zeste du citron, l'ail haché, du sel et du poivre. Déposez le poulet dans un plat et enduisez-le généreusement de cette marinade. Laissez reposer au moins 3 h au réfrigérateur.

2 Épongez grossièrement les filets et faites-les griller au barbecue ou à la plancha environ 7 min de chaque côté.

Servez avec une salade de pois chiches et parsemez de persil haché.

Blancs de poulet
4

Yaourt nature
200 g

Citron
1

Ail
2 gousses

... et aussi un peu de
sel et poivre

POULET SAUTÉ À L'ANANAS

et au piment

15 min | 20 min

4 pers. | 246 cal par portion

1 Faites chauffer l'huile dans une poêle antiadhésive et faites-y dorer le poulet sur toutes les faces.

2 Ajoutez l'ananas coupé en morceaux et les piments émincés. Laissez mijoter 10 à 15 min en remuant régulièrement.

3 Diluez la fécule de maïs dans 10 cl d'eau et ajoutez-la dans la poêle. Assaisonnez et laissez épaissir.

Ajoutez un peu de coriandre hachée pour décorer et servez avec du riz blanc. Vous pouvez aussi utiliser des tranches d'ananas en conserve. Dans ce cas, utilisez 10 cl du jus des ananas à la place de l'eau pour diluer la fécule.

Blancs de poulet
4

Ananas
1

Piments doux
2

Fécule de maïs
1 c. à café

... et aussi un peu de

huile d'olive (1 filet)

sel et poivre

POULET
en croûte de sel

20 min | 1 h 20
4 pers. | Repos 15 min
300 cal par portion

1 Mélangez le gros sel avec les herbes de Provence et les blancs d'œufs.

2 Remplissez l'intérieur du poulet avec les oignons, poivrez et ficelez-le fermement. Déposez une couche de gros sel dans un plat allant au four, ajoutez le poulet, poivrez-le et recouvrez-le de gros sel en tassant bien pour épouser la forme du poulet.

3 Enfournez pour 1 h 20 à 210 °C. Laissez reposer pendant 10 à 15 min, puis cassez la croûte et servez.

Accompagnez le poulet de légumes verts.

Poulet
1

Gros sel
2 kg

Herbes de Provence
3 c. à soupe

Blancs d'œufs
3

Oignons émincés
2

... et aussi un peu de
poivre

POULET AUX POIS GOURMANDS

et au lait de coco

15 min

25 min

4 pers.

324 cal
par portion

1 Faites revenir le poulet coupé en gros cubes dans une cocotte avec l'huile pendant 5 min. Couvrez avec le lait de coco et 15 cl d'eau, puis laissez mijoter 20 min.

2 Ajoutez les pois gourmands 5 min avant la fin de la cuisson et assaisonnez.

Si la sauce est trop liquide, retirez le poulet et les légumes, puis laissez-la réduire, ou bien ajoutez 1 c. à café de fécule délayée dans un peu d'eau.

Blancs de poulet
4

Pois gourmands
200 g

Lait de coco
20 cl

... et aussi un peu de
huile de sésame (1 filet)
sel et poivre

AIGUILLETTES DE POULET

au citron et aux asperges

20 min | 20 min

4 pers. | 237 cal par portion

1 Faites cuire les asperges dans un grand volume d'eau bouillante salée pendant 5 à 7 min. Plongez-les immédiatement dans de l'eau froide pour stopper la cuisson et égouttez-les.

2 Faites dorer les aiguillettes dans une poêle avec l'huile. Ajoutez le jus et le zeste du citron, les asperges et laissez réduire quelques minutes.

3 Ajoutez la crème, mélangez bien, assaisonnez et servez.

Aiguillettes
de poulet
500 g

Asperges vertes
400 g

Citron
1

Crème fraîche légère
10 cl

... et aussi un peu de
huile d'olive (1 filet)
sel et poivre

BOUILLON DE POULET
aux poireaux et vermicelles de riz

10 min | 20 min

4 pers. | 282 cal par portion

1 Déposez le poulet, les poireaux et la citronnelle dans une grande casserole et ajoutez 1,5 l d'eau. Portez à ébullition, puis baissez le feu et laissez cuire 15 min à feu doux.

2 Ajoutez les vermicelles de riz, assaisonnez et laissez cuire 2 min de plus. Servez avec le basilic thaï effeuillé.

Vous pouvez remplacer le basilic thaï par de la coriandre.

Aiguillettes
de poulet
400 g

Poireaux émincés
2

Vermicelles de riz
150 g

Citronnelle
1 bâton coupé en deux

Basilic thaï
1/2 botte

... et aussi un peu de
sel et poivre

CUISSES DE POULET

façon cacciatore

20 min

1 h 10

4 pers.

336 cal par portion

1 Dans une cocotte, faites colorer le poulet côté peau, puis ajoutez l'oignon et l'ail. Laissez compoter quelques minutes.

2 Ajoutez le vin blanc, les tomates et les champignons coupés en morceaux, puis assaisonnez. Portez à ébullition, puis couvrez et enfournez pour 1 h à 180 °C.

Vous pouvez remplacer le vin blanc par du vin rouge.

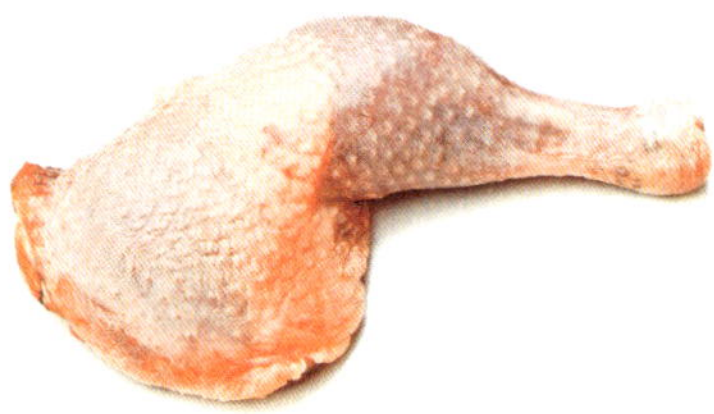

Cuisses de poulet
4

Tomates
6

Champignons
de Paris
300 g

Oignon émincé
1

Ail haché
1 gousse

... et aussi un peu de
vin blanc (12 cl)
sel et poivre

TABOULÉ ORIENTAL

au poulet

15 min

Sans cuisson

4 pers.

Repos 4-12 h

315 cal par portion

1 Déposez la semoule dans un grand saladier, puis versez dessus le jus des citrons, l'huile et 7 cl d'eau froide. Laissez gonfler pendant 30 min, puis égrainez à la fourchette.

2 Effilochez le poulet. Ajoutez-le avec la menthe au taboulé, puis réservez au moins 4 h et au mieux toute la nuit au réfrigérateur.

3 Assaisonnez et servez bien frais.

Semoule moyenne
200 g

Blancs de poulet cuits
2

Citrons
4

Menthe hachée
1 botte

... et aussi un peu de

huile d'olive (1 filet)

sel et poivre

CUISSE DE DINDE
tandoori

15 min
1 h 15
4 pers.
446 cal par portion

1 Mélangez la moutarde avec les épices, du sel et du poivre, et enduisez généreusement la cuisse sur toutes les faces.

2 Déposez les oignons émincés dans le fond d'une cocotte, ajoutez la viande, le vin blanc et 10 cl d'eau.

3 Enfournez pour 30 min à 200 °C. Ajoutez un peu d'eau si nécessaire, mettez le couvercle et faites cuire 45 min. Retirez le couvercle 5 min avant la fin de la cuisson.

Servez de larges tranches de dinde accompagnées de légumes de saison.

Cuisse de dinde
1,2 kg

Épices tandoori
3 c. à soupe

Moutarde
2 c. à soupe

Oignons rouges
3

Vin blanc
15 cl

... et aussi un peu de
sel et poivre

STEAKS DE DINDE
aux oignons et à la menthe

10 min

15 min

4 pers.

194 cal
par portion

Dinde hachée
500 g

Oignons nouveaux
2

Menthe
1/4 de botte

... et aussi un peu de
huile d'olive (1 filet)
sel et poivre

1 Hachez les oignons et la menthe, puis mélangez-les à la viande. Assaisonnez et formez 4 steaks.

2 Faites cuire les steaks à la poêle dans l'huile pendant 5 à 7 min de chaque côté.

Servez ces steaks de dinde avec des carottes ou des courgettes vapeur. Vous pouvez également ajouter un peu de curry ou de cumin pour les parfumer.

SALTIMBOCCAS DE DINDE
aux tomates séchées

20 min | 15 min
4 pers. | 206 cal par portion

1 Sur chaque escalope, déposez 1 tranche de jambon et 1 tomate séchée. Roulez les escalopes sur elles-mêmes et maintenez-les avec un cure-dent.

2 Faites chauffer l'huile dans une poêle et déposez-y les saltimboccas. Faites dorer 3 ou 4 min de chaque côté, puis déglacez avec le vin blanc. Laissez réduire, assaisonnez et servez.

Accompagnez ce plat de tagliatelles de courgette au basilic.

Escalopes de dinde
4 (assez fines)

Jambon cru
4 tranches

Tomates séchées
4

Vin blanc
10 cl

... et aussi un peu de
huile d'olive (1 filet)
sel et poivre

ÉMINCÉ DE DINDE
à la moutarde

10 min | 15 min

4 pers. | 270 cal par portion

1 Faites revenir la viande coupée en lanières à la poêle dans l'huile jusqu'à ce qu'elle soit bien dorée.

2 Ajoutez la moutarde, la crème et 10 cl d'eau, puis laissez réduire 10 min environ. Assaisonnez.

Goûtez le plat avant de saler, car la moutarde apporte déjà du sel. Servez avec des légumes vapeur.

Escalopes de dinde
4

Moutarde
à l'ancienne
2 c. à soupe

Crème liquide
20 cl (à 12 % de MG)

... et aussi un peu de
huile d'olive (1 filet)
sel et poivre

BROCHETTES DE CANARD

aux abricots et à l'orange

20 min

8 min

4 pers.

Repos 2 h

409 cal par portion

Magrets de canard
2 (dégraissés)

Abricots
4

Oranges
2

Oignon rouge
1

... et aussi un peu de

huile d'olive (1 filet)

sel et poivre

1 Coupez le canard en gros cubes et l'oignon en quartiers. Déposez-les dans un plat avec le zeste et le jus des oranges, et l'huile. Assaisonnez et laissez mariner au moins 2 h au réfrigérateur.

2 Sur des piques à brochette, alternez le canard, l'oignon et les abricots coupés en quartiers. Faites cuire les brochettes au barbecue ou à la plancha pendant 8 min environ.

Vous pouvez également faire cuire ces brochettes au four en position gril préchauffé à 250 °C.

AIGUILLETTES DE CANARD
aux figues et aux échalotes

15 min | 15 min

4 pers. | 235 cal par portion

1 Faites chauffer l'huile dans une poêle, puis ajoutez les aiguillettes. Faites-les dorer de chaque côté.

2 Ajoutez les échalotes et les figues coupées en deux, baissez le feu, puis faites compoter à feu doux en remuant régulièrement.

3 Déglacez avec le vinaigre balsamique, assaisonnez et servez.

Aiguillettes de canard
400 g

Figues
200 g

Échalotes émincées
4

Vinaigre balsamique
3 c. à soupe

... et aussi un peu de

huile d'olive (1 filet)

sel et poivre

LAPIN
à la basquaise

15 min | 45 min | 4 pers. | 446 cal par portion

1 Faites colorer les cuisses de lapin dans une cocotte avec l'huile. Ajoutez l'oignon et les poivrons. Faites suer quelques minutes, puis ajoutez les tomates concassées.

2 Assaisonnez de piment et de sel, puis couvrez et laissez cuire 35 min à feu doux en remuant de temps en temps.

Vous pouvez ajouter une gousse d'ail en chemise et du persil frais.

Cuisses de lapin
4

Oignon émincé
1

Poivrons rouges
2 (coupés en lanières)

Tomates concassées
1 boîte de 400 g

Piment d'Espelette
quelques pincées

... et aussi un peu de
huile d'olive (1 filet)
sel

LAPIN À LA MOUTARDE
en papillote

20 min
40 min
4 pers.
360 cal par portion

1 Découpez 4 grands rectangles de papier sulfurisé. Répartissez-y le poireau, puis déposez 1 cuisse par feuille. Badigeonnez de moutarde, salez, poivrez et ajoutez le thym.

2 Versez 1 c. à soupe d'eau dans chaque papillote, puis fermez hermétiquement et enfournez pour 40 min à 210 °C.

Servez les papillotes avec une poêlée de champignons.

Cuisses de lapin
4

Moutarde
2 c. à soupe

Poireau émincé
1

Thym
4 branches

... et aussi un peu de
sel et poivre

CHILI CON CARNE
allégé

10 min
1 h 10
4 pers.
380 cal par portion

1 Déposez tous les ingrédients dans une grande cocotte et portez à ébullition. Lorsque la préparation bout, couvrez, baissez le feu et laissez mijoter 1 h.

2 Vérifiez l'assaisonnement et servez.

Le chili con carne fait partie de ces plats encore meilleurs quand ils sont réchauffés. N'hésitez pas à le préparer à l'avance et à le réchauffer au moment du repas. Moins de viande, moins de haricots, plus de légumes et zéro huile, ce chili est une véritable variante diététique du plat classique.

Bœuf haché
400 g (à 5 % de MG)

Haricots rouges
1 boîte de 400 g

Poivrons rouges
3 (coupés en dés)

Tomates concassées
2 boîtes de 400 g

Oignons émincés
2

... et aussi un peu de
Tabasco® (quelques gouttes)
sel et poivre

PAUPIETTES DE CHOU
au bœuf et aux échalotes

25 min

40 min

4 pers.

235 cal par portion

1 Détachez les feuilles du chou et faites-les cuire 3 min dans une grande casserole d'eau bouillante salée. Égouttez.

2 Assaisonnez la viande et répartissez-la sur les feuilles de chou. Roulez-les en serrant bien et déposez-les dans un plat allant au four.

3 Ajoutez les échalotes émincées, la carotte coupée en dés et le thym, assaisonnez, puis couvrez d'eau à mi-hauteur. Enfournez pour 35 min à 180 °C.

Chou vert
1/2

Bœuf haché
500 g (à 5 % de MG)

Échalotes
3

Carotte
1

Thym
4 branches

... et aussi un peu de
sel et poivre

WOK DE BŒUF
au brocoli et au piment

20 min

15 min

4 pers.

255 cal par portion

1 Faites cuire les bouquets de brocoli dans de l'eau bouillante salée pendant 5 à 7 min.

2 Faites dorer la viande coupée en lamelles à la poêle dans l'huile, puis ajoutez le piment haché et l'oignon émincé. Ajoutez le brocoli égoutté et la sauce soja, puis salez.

Vous pouvez parsemer de graines de sésame juste avant de déguster. Servez avec des nouilles de riz.

Faux-filet de bœuf
400 g

Brocoli
400 g

Piment
1 petit

Oignon rouge
1

Sauce soja sucrée
4 c. à soupe

... et aussi un peu de
huile d'olive (1 filet)
sel

BOULETTES DE BŒUF
aux tomates

15 min

20 min

4 pers.

238 cal
par portion

1 Mélangez la viande avec l'oignon (blanc et vert) haché. Assaisonnez. Formez des boulettes et faites-les cuire à la poêle dans l'huile.

2 Lorsque les boulettes sont bien dorées, ajoutez les tomates coupées en deux, le thym et 10 cl d'eau. Poursuivez la cuisson pendant 10 min environ.

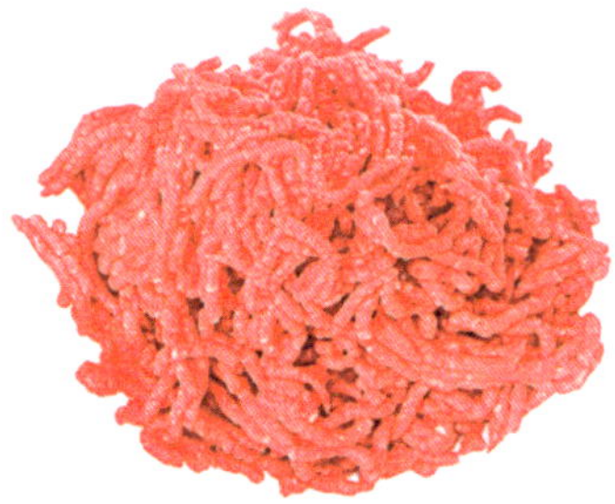

Bœuf haché
500 g (à 5 % de MG)

Tomates cerises
250 g

Oignon nouveau
1

Thym frais
2 branches

... et aussi un peu de
huile d'olive (1 filet)
sel et poivre

BROCHETTES DE BŒUF
épicées

15 min | 8 min

4 pers. | Repos 3 h

275 cal par portion

1 Coupez le bœuf en gros cubes et déposez-les dans un plat. Ajoutez l'ail, le concentré de tomate, le jus du citron, le piment et du sel. Enrobez bien la viande de marinade et entreposez-la au moins 3 h au réfrigérateur.

2 Répartissez la viande sur 4 piques à brochette et faites cuire les brochettes au barbecue ou à la plancha pendant 5 à 8 min selon le degré de cuisson souhaité.

Servez ces brochettes avec une salade de fèves ou un taboulé bien frais.

Bœuf à fondue
500 g

Ail haché
2 gousses

Concentré de tomate
2 c. à soupe

Citron
1

Piment en poudre
1/2 c. à café

... et aussi un peu de
sel

CANNELLONIS D'AUBERGINE
au bœuf

25 min

35 min

4 pers.

322 cal par portion

1 Faites griller les aubergines coupées en lamelles au four sur une feuille de papier sulfurisé pendant 10 min à 200 °C.

2 Faites revenir la viande et l'ail à la poêle dans l'huile. Assaisonnez.

3 Déposez un lit de tomates concassées dans le fond d'un plat à gratin. Utilisez chaque lamelle d'aubergine comme une feuille à cannelloni et garnissez-la de bœuf. Déposez les cannellonis dans le plat et recouvrez de tomates et de tranches de mozzarella. Enfournez pour 20 min à 180 °C.

Aubergines
2

Bœuf haché
400 g (à 5 % de MG)

Tomates concassées
1 boîte de 400 g

Mozzarella
1 boule

Ail haché
1 gousse

... et aussi un peu de
huile d'olive (1 filet)
sel et poivre

POT-AU-FEU léger

30 min

3 h 15

6 pers.

Repos 12 h

345 cal par portion

1 La veille, déposez la viande dans un grand faitout et couvrez d'eau. Portez à ébullition et écumez jusqu'à ce qu'il n'y ait plus de « mousse » en surface. Laissez cuire 2 h.

2 Ajoutez les légumes coupés grossièrement et les clous de girofle, et laissez cuire encore 1 h. Laissez refroidir, puis réservez toute la nuit au réfrigérateur.

3 Le jour même, retirez la couche de graisse en surface et portez le pot-au-feu à ébullition. Rectifiez l'assaisonnement et servez bien chaud.

En refroidissant, la graisse se solidifie en surface, ce qui permet de la retirer facilement. Pour cela, préparez le pot-au-feu la veille. De plus, c'est un plat qui gagne à être réchauffé.

Bœuf
1,2 kg (gîte, macreuse, paleron...)

Carottes
5

Poireaux
3

Chou vert
1/2

Clous de girofle
3-4

... et aussi un peu de
sel et poivre

RIGATONIS À LA BRESAOLA

et aux tomates cerises

20 min

25 min

4 pers.

421 cal par portion

Rigatonis
240 g

Tomates cerises
500 g

Bresaola
70 g

Basilic haché
6-8 feuilles

... et aussi un peu de
huile d'olive (1 filet)
sel et poivre

1 Faites cuire les pâtes dans un grand volume d'eau bouillante salée selon les indications du paquet.

2 Égouttez-les en conservant 5 cl d'eau de cuisson. Dans la même casserole, versez l'huile, puis ajoutez les tomates coupées en deux et la bresaola en fines lanières. Laissez compoter 10 min environ tout en remuant.

3 Remettez-y les pâtes, versez l'eau de cuisson, ajoutez le basilic, puis assaisonnez. Mélangez et servez aussitôt.

Choisissez des pâtes complètes ou semi-complètes qui contiennent plus de fibres et rassasient plus.

BLANQUETTE DE VEAU

aux petits pois

20 min | 1 h | 6 pers. | 434 cal par portion

1 Déposez le veau dans une grande casserole. Couvrez d'eau froide, ajoutez les oignons et laissez cuire 50 min à feu doux à partir de l'ébullition.

2 Retirez la viande et faites réduire le liquide de moitié. Ajoutez la crème et les petits pois, remettez la viande et laissez cuire 5 min.

3 Assaisonnez, parsemez de persil et servez.

Si la sauce est trop liquide, ajoutez 1 c. à café de fécule délayée dans un peu d'eau en fin de cuisson.

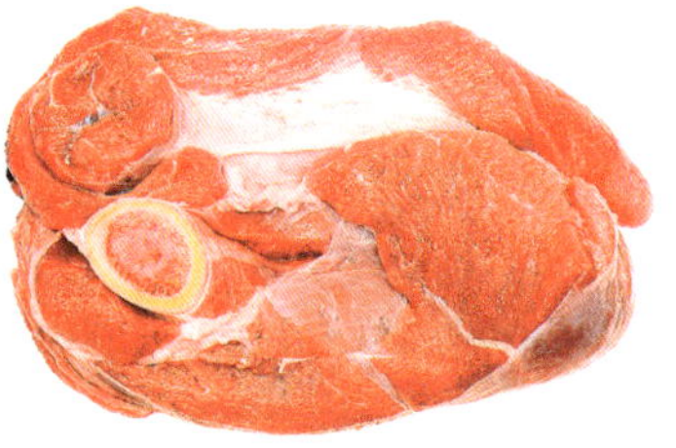

Épaule de veau
1,2 kg (en gros cubes)

Petits pois
400 g

Oignons émincés
2

Crème fraîche légère
30 cl (à 5 % MG)

Persil haché
1/4 de botte

... et aussi un peu de
sel et poivre

LASAGNES DE COURGETTE

au veau et aux épices

30 min

30 min

4 pers.

244 cal
par portion

Courgettes
3

Veau haché
400 g

Oignon haché
1

Coulis de tomates
20 cl

Ras el-hanout
1 c. à café

... et aussi un peu de
emmental râpé (30 g)
huile d'olive (1 filet)
sel et poivre

1 Faites revenir l'oignon dans une poêle avec l'huile. Lorsqu'il est doré, ajoutez le veau, le coulis de tomates et le ras el-hanout. Assaisonnez et laissez cuire quelques minutes.

2 Dans un plat à gratin, disposez une couche de courgettes coupées en lamelles, puis une couche de veau. Répétez l'opération en terminant par une couche de courgettes. Parsemez de fromage, puis enfournez pour 20 min à 180 °C.

Vous pouvez remplacer le veau par du bœuf ou de l'agneau.

ROULÉS DE VEAU
aux poivrons grillés et à la sauge

15 min | 12 min | 4 pers. | 201 cal par portion

1 Assaisonnez chaque escalope, puis déposez dessus 1 poivron grillé et 1 feuille de sauge. Enroulez les escalopes sur elles-mêmes et maintenez-les avec un cure-dent.

2 Faites-les dorer à la poêle dans l'huile, puis couvrez et poursuivez la cuisson pendant 10 min, en remuant de temps en temps.

Choisissez des poivrons grillés conservés dans une saumure et pas dans de l'huile : ils sont aussi bons et bien moins gras.

Escalopes de veau
4 (fines)

Poivrons grillés
1 bocal

Sauge
4 feuilles

... et aussi un peu de
huile d'olive (1 filet)
sel et poivre

SAUTÉ D'AGNEAU
aux carottes et aux haricots

20 min | 30 min

4 pers. | 354 cal par portion

1 Faites colorer la viande détaillée en morceaux dans une cocotte avec l'huile, puis ajoutez les carottes et la moitié du basilic. Versez 12 cl d'eau, couvrez et laissez cuire 30 min en vérifiant que la viande n'attache pas.

2 Pendant ce temps, faites cuire les haricots à l'eau bouillante salée pendant 8 à 10 min. Égouttez-les et coupez-les en morceaux.

3 Ajoutez les haricots à la viande, assaisonnez et parsemez avec le reste du basilic.

Vous pouvez servir ce sauté seul ou accompagné de semoule ou de boulgour. Si la sauce vous paraît trop liquide, ajoutez 1 c. à café de fécule délayée dans un peu d'eau pour l'épaissir.

Épaule d'agneau
500 g (dégraissée)

Carottes en rondelles
2

Haricots plats
300 g

Basilic haché
1/2 botte

... et aussi un peu de
huile d'olive (1 filet)
sel et poivre

BOULETTES D'AGNEAU
façon tajine

15 min

20 min

4 pers.

408 cal par portion

1 Salez et poivrez la viande, puis formez des boulettes entre les paumes. Faites-les revenir à la poêle dans l'huile.

2 Lorsqu'elles sont bien colorées, ajoutez les oignons émincés et faites-les suer pendant quelques minutes. Ajoutez les courgettes coupées en rondelles épaisses, le ras el-hanout et 10 cl d'eau. Couvrez et laissez cuire 10 min.

Servez avec de la menthe ciselée. Vous pouvez ajouter 2 citrons confits pour parfumer davantage le plat.

Agneau haché
400 g

Courgettes
2

Oignons émincés
2

Ras el-hanout
1 c. à café

... et aussi un peu de

huile d'olive (1 filet)

sel et poivre

PASTILLAS EXPRESS
à l'agneau

25 min | 25 min

4 pers. | 350 cal par portion

1 Faites revenir la viande et les oignons à la poêle dans l'huile. Ajoutez le ras el-hanout, assaisonnez et laissez l'eau de cuisson s'évaporer. Ajoutez les abricots et réservez.

2 Pour chaque pastilla, superposez 2 feuilles de pâte filo et répartissez la préparation dessus. Refermez la pâte autour de la garniture pour former des pastillas rondes.

3 Déposez les pastillas, fermeture en dessous, sur la plaque du four recouverte de papier sulfurisé. Enfournez pour 10 à 15 min à 180 °C, jusqu'à ce que les pastillas soient bien dorées.

Servez avec des courgettes vapeur.

Agneau haché
400 g

Feuilles de pâte filo
8

Oignons hachés
2

Abricots secs
50 g (en petits dés)

Ras el-hanout
1 c. à café

... et aussi un peu de
huile d'olive (1 filet)
sel et poivre

CÔTELETTES D'AGNEAU
tandoori

10 min | 10 min
4 pers. | Repos 2 h
280 cal par portion

1 Mélangez les yaourts avec le jus du citron, 3 c. à soupe d'épices, du sel et du poivre. Déposez les côtelettes dans un plat et enrobez-les bien de marinade. Filmez et réservez au moins 2 h au réfrigérateur.

2 Retirez l'excédent de marinade et saupoudrez les côtelettes avec la dernière cuillerée d'épices, puis faites-les cuire au barbecue ou au gril pendant 5 min de chaque côté.

Servez avec des fèves ou une salade de petits pois à la menthe.

Côtelettes d'agneau
12

Yaourts nature
2 (soit 250 g)

Citron
1

Épices tandoori
4 c. à soupe

... et aussi un peu de
sel et poivre

FILET MIGNON EN PAPILLOTE

aux épices et à l'orange

15 min | 30 min

4 pers. | Repos 2 h

294 cal par portion

1 Mélangez le jus et le zeste de l'orange avec les épices, le persil, du sel et du poivre. Déposez le filet mignon dans cette marinade et laissez reposer au moins 2 h au réfrigérateur.

2 Placez le filet mignon et la marinade au centre d'un grand rectangle de papier sulfurisé. Fermez hermétiquement et enfournez pour 30 min à 200 °C.

Servez avec une purée de patates douces.

Filet mignon
500-600 g

Orange
1

Mélange 4-épices
1/2 c. à café

Gingembre en poudre
1/2 c. à café

Persil haché
1/2 botte

... et aussi un peu de
sel et poivre

FILET MIGNON
à la moutarde et aux tomates

15 min | 15 min
4 pers. | 314 cal par portion

1 Faites dorer le filet mignon coupé en médaillons de 1 cm d'épaisseur à la poêle dans l'huile. Ajoutez la moutarde et le fond de veau, puis laissez réduire pendant quelques minutes.

2 Ajoutez les tomates cerises coupées en deux et poursuivez la cuisson 5 min. Poivrez et rectifiez l'assaisonnement.

N'ajoutez pas de sel dans cette recette : en effet, celui-ci est déjà apporté par le fond de veau et la moutarde.

Filet mignon
500-600 g

Tomates cerises
400 g

Moutarde à l'ancienne
2 c. à soupe

Fond de veau
15 cl

... et aussi un peu de
huile d'olive (1 filet)
poivre

COLOMBO DE PORC
aux pois gourmands

20 min

30 min

6 pers.

Repos 2 h

348 cal par portion

1 Mélangez la viande, les oignons, le jus du citron, les épices, du sel et du poivre. Couvrez de film alimentaire et réservez au moins 2 h au réfrigérateur.

2 Déposez la viande et sa marinade dans une casserole, couvrez d'eau et laissez cuire 30 min à petite ébullition.

3 Environ 10 min avant la fin de la cuisson, portez une casserole d'eau salée à ébullition et plongez-y les pois gourmands. Laissez cuire 5 min.

4 Ajoutez les pois gourmands dans le colombo, rectifiez l'assaisonnement et servez.

Sauté de porc
1 kg (en gros cubes)

Pois gourmands
250 g

Oignons hachés
2

Citron
1

Épices à colombo
1 c. à soupe

... et aussi un peu de
sel et poivre

CÔTES DE PORC TERIYAKI
à l'ananas

15 min

35 min

4 pers.

Repos

2 h

372 cal
par portion

1 Déposez la viande dans un plat avec la sauce teriyaki, l'ail, l'huile, du sel et du poivre. Filmez et réservez au moins 2 h au réfrigérateur.

2 Faites griller les tranches d'ananas à la poêle, puis déposez 1 tranche sur chaque côte de porc. Enfournez pour 30 min à 200 °C.

Servez avec du riz blanc.

Côtes de porc
4

Ananas frais
4 tranches

Sauce teriyaki
5 c. à soupe

Ail émincé
1 gousse

... et aussi un peu de
huile d'olive (1 filet)
sel et poivre

ÉMINCÉ DE PORC
aux pommes

15 min | 25 min
4 pers. | 392 cal par portion

1 Faites dorer le porc coupé en lanières à la poêle dans l'huile. Ajoutez l'oignon et les pommes coupées en quartiers. Laissez caraméliser pendant 5 à 10 min en remuant régulièrement.

2 Versez le cidre, remuez et faites cuire 10 min. Assaisonnez et servez.

Choisissez de préférence des pommes canada ou chanteclerc.

Escalopes de porc
500 g

Pommes
4

Oignon émincé
1

Cidre
40 cl

... et aussi un peu de
huile d'olive (1 filet)
sel et poivre

BROCHETTES DE PORC
aux nectarines

20 min | 10 min | 4 pers. | Repos 15 min | 366 cal par portion

1 Mélangez le porc avec le miel, le jus du citron, du sel et du poivre. Laissez mariner 15 min. Coupez les nectarines en quartiers.

2 Sur des piques à brochette, alternez la viande et les nectarines. Faites cuire les brochettes avec leur marinade à la poêle environ 3 ou 4 min de chaque côté. Parsemez de menthe et servez.

Filet mignon
500 g (coupé en cubes)

Nectarines jaunes
4

Miel liquide
2 c. à soupe

Citron vert
1

Menthe hachée
12-15 feuilles

... et aussi un peu de
sel et poivre

PAVÉS DE SAUMON RÔTIS
à la thaïe

15 min

15 min

4 pers.

Repos 2 h

394 cal par portion

Pavés de saumon
4 (sans peau)

Sauce sweet chili
4 c. à soupe

Oignons nouveaux
2

... et aussi un peu de
sel et poivre

1 Déposez les pavés de saumon dans un plat. Salez, poivrez et enduisez-les généreusement de sauce sweet chili. Filmez et laissez mariner au moins 2 h au réfrigérateur.

2 Déposez les pavés sur la plaque du four recouverte de papier sulfurisé, recouvrez de marinade et enfournez pour 15 min à 180 °C.

3 Parsemez d'oignons émincés et dégustez aussitôt.

Servez avec du riz ou des nouilles asiatiques.

ROULÉS DE SOLE
à la courgette

20 min | 5 min
4 pers. | 147 cal par portion

Filets de sole
8

Courgette
1

Persil haché
10-12 feuilles

Baies roses
1 c. à café

... et aussi un peu de
huile d'olive (1 filet)
sel

1 Coupez la courgette en fines lamelles. Salez chaque filet de sole et déposez dessus 1 ou 2 lamelles de courgette, un peu de persil, puis roulez et maintenez avec un cure-dent. Déposez les roulés dans le bol d'un cuit-vapeur et laissez cuire 5 min.

2 Servez avec le reste du persil, arrosez d'huile et parsemez de baies roses.

Accompagnez les roulés d'une poêlée de poivrons verts.

DOS DE LIEU
en croûte de graines

15 min

20 min

4 pers.

333 cal
par portion

1 Mixez finement les graines avec les amandes. Salez et poivrez.

2 Déposez le poisson sur la plaque du four recouverte de papier sulfurisé et déposez dessus le mélange en tassant bien. Enfournez pour 20 min à 190 °C.

Servez avec de la roquette ou du mesclun.

Dos de lieu
500 g (assez épais)

Mélange de graines
(lin, courge, sésame...)
6 c. à café

Amandes en poudre
100 g

... et aussi un peu de
sel et poivre

BROCHETTES DE SAUMON
aux courgettes et au gingembre

20 min

8 min

4 pers.

278 cal
par portion

1 Coupez le saumon en cubes, les courgettes et le gingembre en lamelles. Sur 4 piques à brochette, alternez-les en repliant les lamelles de courgette en accordéon.

2 Assaisonnez et faites cuire à la poêle ou à la plancha environ 2 min de chaque côté. Parsemez de coriandre hachée et servez aussitôt.

Vous pouvez aussi faire cuire ces brochettes au four pendant 10 min à 200 °C.

Filet de saumon
500 g

Courgettes
2

Gingembre
3 cm

Coriandre hachée
1/2 botte

... et aussi un peu de
sel et poivre

CABILLAUD POCHÉ
aux épinards et au lait de coco

10 min
15 min
4 pers.
305 cal par portion

1 Portez à ébullition le lait de coco avec 30 cl d'eau.

2 Assaisonnez, puis ajoutez le cabillaud coupé en gros morceaux, les épinards et les tomates séchées coupées en dés. Laissez cuire pendant 5 à 7 min.

Servez avec du riz blanc.

Dos de cabillaud
500 g

Lait de coco allégé
40 cl

Épinards
3 poignées

Tomates séchées
4-5

... et aussi un peu de
sel et poivre

ENDIVES AU SAUMON gratinées

20 min

30 min

4 pers.

167 cal par portion

1 Faites cuire les endives à la vapeur pendant 15 min, puis égouttez-les.

2 Enroulez chaque endive dans 1 tranche de saumon en intercalant quelques brins d'aneth. Déposez les endives dans un plat à gratin, poivrez et répartissez la crème. Enfournez pour 15 min à 180 °C.

3 Parsemez d'aneth et servez.

Pour retirer l'amertume de l'endive, creusez son cœur au niveau du pied avant de la faire cuire.

Endives
4

Saumon fumé
4 tranches

Aneth
1/2 botte

Crème liquide légère
15 cl

... et aussi un peu de
poivre

PAPILLOTES DE SAUMON
à la vanille

10 min | 15 min

4 pers. | 326 cal par portion

1 Découpez 4 carrés de papier sulfurisé. Sur chacun, déposez 1 pavé de saumon, salez, poivrez, puis ajoutez une 1/2 gousse de vanille ainsi qu'un peu de jus et quelques rondelles d'orange.

2 Fermez hermétiquement les papillotes et enfournez pour 15 min à 170 °C.

Servez avec une poêlée de courgettes ou une purée de patates douces.

Pavés de saumon
4 (sans peau)

Vanille
2 gousses

Oranges
2

... et aussi un peu de
sel et poivre

PAPILLOTES DE CABILLAUD

aux asperges, tomates et olives

15 min | 25 min

4 pers. | 213 cal par portion

1 Faites cuire les asperges dans une grande casserole d'eau bouillante salée pendant 5 à 7 min. Plongez-les dans un saladier d'eau glacée pour stopper la cuisson et égouttez-les.

2 Découpez 4 carrés de papier sulfurisé. Sur chacun, déposez 1 morceau de dos de cabillaud, des asperges, des tomates coupées en dés, de l'oignon émincé, puis parsemez de rondelles d'olive.

3 Salez, poivrez, arrosez d'huile, fermez hermétiquement et enfournez pour 15 min à 170 °C.

Dos de cabillaud
500 g

Asperges vertes
400 g

Tomates
2

Oignon rouge
1

Olives noires
2 c. à soupe

... et aussi un peu de
huile d'olive (1 filet)
sel et poivre

PAPILLOTES DE JULIENNE
à la tomate

20 min

15 min

4 pers.

160 cal par portion

1 Mélangez les tomates avec les échalotes et l'ail, puis assaisonnez.

2 Découpez 4 carrés de papier sulfurisé. Sur chacun, déposez des tomates, disposez 1 filet de julienne dessus, salez, poivrez, puis ajoutez le reste des tomates.

3 Versez l'huile, fermez les papillotes hermétiquement et enfournez pour 15 min à 180 °C.

Servez avec du riz blanc et du persil haché.

Filets de julienne
4

Tomates en dés
6

Échalotes émincées
2

Ail haché
1 gousse

... et aussi un peu de

huile d'olive (1 filet)

sel et poivre

THON MI-CUIT AU SÉSAME
et aux haricots verts

15 min

15 min

4 pers.

Repos 20 min

216 cal par portion

1 Mélangez dans un plat la sauce soja avec le jus du citron et du poivre. Déposez-y le thon et laissez mariner 20 min au réfrigérateur.

2 Faites cuire les haricots à l'eau bouillante salée pendant 5 à 7 min. Égouttez.

3 Faites chauffer l'huile dans une poêle et faites-y cuire les pavés de thon 1 ou 2 min de chaque côté. Roulez-les aussitôt dans le sésame.

4 Déglacez la poêle avec la marinade, portez à ébullition et ajoutez les haricots pour les réchauffer et les enrober de sauce. Servez.

Pavés de thon
4

Haricots verts
400 g

Sauce soja sucrée
3 c. à soupe

Citron vert
1

Graines de sésame
3 c. à soupe

... et aussi un peu de
huile de sésame (1 filet)
poivre

CROUSTILLANTS
de poisson

15 min | 20 min

4 pers. | 121 cal par portion

1 Sur chaque feuille de brick, déposez 1 filet de poisson. Assaisonnez et enduisez d'une fine couche de moutarde, puis déposez quelques feuilles de roquette.

2 Repliez les feuilles de brick autour du poisson (fermeture en dessous), déposez-les sur la plaque du four recouverte de papier sulfurisé et enfournez pour 20 min à 180 °C.

Servez avec des quartiers de citron et une poêlée de courgettes.

Filets de poisson blanc
(lieu, merlu, merlan...)
4

Feuilles de brick
4

Moutarde
1 c. à soupe

Roquette
1 poignée

... et aussi un peu de
sel et poivre

PARMENTIER DE MERLU

aux carottes

25 min

50 min

4 pers.

260 cal
par portion

1 Faites cuire les carottes coupées en rondelles à l'eau salée pendant 15 min. Égouttez-les, puis écrasez-les à la fourchette avec la crème, du sel et du poivre.

2 Faites revenir le poisson et les échalotes à la poêle dans l'huile en l'émiettant bien. Assaisonnez.

3 Déposez le poisson dans un plat à gratin, puis recouvrez-le de purée de carottes. Parsemez de comté, puis enfournez pour 30 min à 180 °C.

Merlu
500 g

Carottes
600-700 g

Crème fraîche allégée
4 c. à soupe

Échalotes hachées
2

Comté râpé
50 g

... et aussi un peu de
huile d'olive (1 filet)
sel et poivre

MAQUEREAUX GRILLÉS
aux tomates et au basilic

10 min
15 min
4 pers.
189 cal par portion

1 Sur la plaque du four recouverte de papier sulfurisé, déposez les tomates coupées en rondelles, puis les maquereaux. Répartissez de fines rondelles de citron, salez, poivrez et arrosez d'huile.

2 Enfournez pour 15 min à 180 °C. Servez avec le basilic.

Maquereaux
4 (écaillés et vidés)

Tomates
3-4 (de différentes couleurs)

Basilic haché
1/4 de botte

Citron vert
1

... et aussi un peu de
huile d'olive (1 filet)
sel et poivre

LASAGNES À LA TRUITE
et aux épinards

25 min | 35 min | 4 pers. | 281 cal par portion

1 Faites fondre les épinards à la poêle dans l'huile. Assaisonnez et réservez. Coupez les pavés de truite en fines tranches de 5 mm d'épaisseur.

2 Dans un plat allant au four, alternez les couches de lasagnes, de truite et d'épinards en liant avec la crème fraîche et en assaisonnant à chaque étage. Terminez par une couche de lasagnes et de crème. Enfournez pour 30 min à 190 °C.

Choisissez de préférence des lasagnes complètes. Vous pouvez ajouter un peu de fromage râpé sur le dessus avant d'enfourner. À servir avec une salade verte.

Lasagnes
10-12 feuilles
(sans précuisson)

Pavés de truite
300 g

Épinards
350 g

Crème fraîche allégée
20 cl

... et aussi un peu de
huile d'olive (1 filet)
sel et poivre

PENNE AUX SARDINES
et à l'ail

15 min

15 min

4 pers.

359 cal
par portion

1 Faites cuire les pâtes dans un grand volume d'eau bouillante salée selon les indications du paquet. Égouttez-les et conservez 10 cl d'eau de cuisson.

2 Faites suer l'ail dans une poêle antiadhésive avec l'huile. Ajoutez les sardines et faites-les réchauffer 5 min. Ajoutez les pâtes et l'eau de cuisson. Mélangez bien, assaisonnez et parsemez de persil.

Les sardines en conserve sans huile se trouvent facilement en grande surface.

Penne
300 g (complètes ou semi-complètes)

Sardines sans huile
1 boîte

Ail haché
1 gousse

Persil haché
1/2 botte

... et aussi un peu de
huile d'olive (1 filet)
sel et poivre

LOTTE RÔTIE
au jambon

20 min | 30 min | 4 pers. | 190 cal par portion

1 Assaisonnez les filets de lotte de sel, de poivre et d'herbes de Provence, puis superposez-les. Enroulez-les dans les tranches de jambon et ficelez le rôti de lotte.

2 Dans un plat allant au four, déposez un lit de poireau, puis la lotte. Arrosez d'huile et enfournez pour 30 min à 180 °C.

3 Coupez le rôti en tranches épaisses et servez.

Filets de lotte
2

Jambon cru
10-12 tranches

Poireau émincé
1

Herbes de Provence
1 c. à café

... et aussi un peu de
huile d'olive (1 filet)
sel et poivre

ROUGETS AU CITRON VERT
et au gingembre

15 min | 15 min
4 pers. | 101 cal par portion

1 Déposez les rougets sur la plaque du four recouverte de papier sulfurisé.

2 Insérez la moitié des rondelles de citron et du gingembre dans le ventre des poissons et assaisonnez. Répartissez le reste dessus et arrosez d'huile.

3 Enfournez pour 15 min à 200 °C. Dès la sortie du four, parsemez de coriandre et servez.

Si les rougets sont de petite taille, comptez 2 poissons par personne. Servez avec une salade pimentée de tomates cerises.

Rougets
4 (vidés et écaillés)

Citrons verts
2 (coupés en rondelles)

Gingembre haché
2 cm

Coriandre hachée
1/2 botte

... et aussi un peu de
huile d'olive (1 filet)
sel et poivre

MAQUEREAUX MARINÉS

au citron vert et à l'orange

15 min

5 min

4 pers.

Repos 12 h

178 cal par portion

Filets de maquereau
4 (désarêtés)

Citron vert
1

Oranges
2

Oignon rouge
1

Vin blanc
12 cl

... et aussi un peu de
sel et poivre

1 Déposez les maquereaux dans un plat, assaisonnez et ajoutez des anneaux d'oignon rouge.

2 Portez à ébullition le vin blanc et le jus des agrumes avec le zeste du citron pendant 5 min, puis versez sur les maquereaux. Filmez aussitôt, puis laissez refroidir avant de réserver au moins 12 h au réfrigérateur.

Servez avec des pommes de terre vapeur.

POÊLÉE DE CREVETTES

aux patates douces et aux épinards

15 min | 25 min

4 pers. | 206 cal par portion

1 Faites cuire les patates douces coupées en rondelles dans un grand volume d'eau salée pendant 10 min. Égouttez.

2 Faites revenir les crevettes décortiquées à la poêle dans l'huile. Ajoutez l'oignon, les rondelles de patate douce et faites suer quelques minutes.

3 Déglacez avec un peu d'eau, puis ajoutez le cumin et les épinards. Couvrez et laissez cuire quelques minutes, puis assaisonnez et servez.

Crevettes crues
400 g

Patates douces
2

Épinards
100 g

Oignon émincé
1

Cumin en poudre
1/2 c. à café

... et aussi un peu de
huile d'olive (1 filet)
sel et poivre

THON
à l'hawaïenne

20 min | Sans cuisson
4 pers. | Repos 10 min
335 cal par portion

1 Coupez le thon et l'avocat en cubes de même taille. Mélangez le thon avec les oignons émincés, la sauce soja, le wasabi et l'huile. Assaisonnez et laissez mariner 10 min.

2 Ajoutez l'avocat, mélangez et servez.

Vous pouvez ajoutez des edamame (fèves de soja) et des graines de sésame pour encore plus de saveur. Servez avec du riz blanc.

Thon extra-frais
350 g

Avocats
2

Oignons nouveaux
2

Sauce soja
4 c. à soupe

Wasabi
1/2 c. à café

... et aussi un peu de
huile de sésame (1 filet)
sel et poivre

TAGLIATELLES AUX CREVETTES

et au citron vert

15 min

20 min

4 pers.

348 cal
par portion

1 Faites cuire les pâtes à l'eau bouillante salée. Égouttez-les et conservez 10 cl d'eau de cuisson.

2 Faites chauffer l'huile dans une poêle antiadhésive et faites-y cuire les crevettes jusqu'à ce qu'elles deviennent roses.

3 Ajoutez la crème, l'eau de cuisson des pâtes, le jus et le zeste du citron, puis assaisonnez et laissez réduire 5 min. Ajoutez les pâtes, mélangez bien et servez.

Pour gagner du temps, vous pouvez utiliser des crevettes déjà cuites.

Tagliatelles
300 g (complètes ou semi-complètes)

Crevettes crues
16 (décortiquées)

Crème liquide
20 cl (à 4 % de MG)

Citron vert
1

... et aussi un peu de

huile d'olive (1 filet)

sel et poivre

MOULES PRESQUE MARINIÈRES
au curry

10 min | 10 min
4 pers. | 256 cal par portion

1 Dans une grande cocotte, faites revenir les échalotes avec le curry et du poivre dans l'huile. Ajoutez les moules nettoyées et le vin blanc, couvrez et laissez cuire 5 min en remuant de temps en temps.

2 Retirez les moules avec une écumoire, puis faites réduire la sauce quelques minutes à feu vif. Ajoutez la coriandre et remettez les moules.

Pour plus de gourmandise, vous pouvez ajouter 10 cl de lait de coco au moment de faire réduire la sauce.

Moules
2,5 kg

Échalotes hachées
3

Curry
1 c. à soupe

Vin blanc sec
30 cl

Coriandre hachée
1/4 de botte

... et aussi un peu de
huile d'olive (1 filet)
poivre

PAPILLOTES DE SAINT-JACQUES
aux poireaux

20 min
25 min
4 pers.
187 cal par portion

Noix de saint-jacques
12-16

Poireaux émincés
2

Lait de coco
10 cl

Curry
1/2 c. à café

... et aussi un peu de
huile d'olive (1 filet)
sel et poivre

1 Faites revenir doucement les poireaux dans une poêle avec l'huile. Lorsqu'ils sont fondants, ajoutez le lait de coco, la moitié du curry, puis assaisonnez.

2 Découpez 4 carrés de papier sulfurisé. Sur chacun, répartissez au centre la fondue de poireaux, puis déposez 3 ou 4 noix de saint-jacques, salez, poivrez et ajoutez le reste du curry. Fermez hermétiquement et enfournez pour 15 min à 200 °C.

CALAMARS
à la méditerranéenne

15 min | 25 min

4 pers. | 258 cal par portion

1 Faites revenir les anneaux de calamar dans l'huile dans une poêle antiadhésive.

2 Ajoutez l'ail et les tomates concassées, assaisonnez et laissez mijoter pendant 20 min.

3 Au moment de servir, ajoutez les olives coupées en rondelles et le basilic.

Ajoutez 2 tranches de chorizo détaillées en tout petits dés en même temps que les tomates pour parfumer ce plat.

Calamars
800 g (en anneaux)

Tomates concassées
1 boîte de 400 g

Olives noires
10-12

Ail haché
1 gousse

Basilic haché
1/4 de botte

... et aussi un peu de
huile d'olive (1 filet)
sel et poivre

SALADE DE CREVETTES
et d'avocat au curry

15 min

5 min

4 pers.

336 cal par portion

Crevettes crues
400 g (décortiquées)

Avocats
2

Curry
1 c. à café

Pousses d'épinards
100 g

Vinaigre de xérès
2 c. à soupe

... et aussi un peu de
huile d'olive (1 filet + pour la cuisson)
sel et poivre

1 Faites chauffer un peu d'huile dans une poêle antiadhésive et jetez-y les crevettes. Ajoutez le curry, assaisonnez et laissez cuire 5 min.

2 Sur chaque assiette, répartissez les pousses d'épinards, les crevettes au curry et des dés d'avocat. Salez, poivrez et arrosez d'huile et de vinaigre.

CREVETTES SAUTÉES
à l'asiatique

15 min | 5 min

4 pers. | Repos 15 min - 4 h

190 cal par portion

1 Dans un saladier, mélangez la sauce soja, le miel et l'ail. Poivrez et ajoutez les crevettes en les enrobant bien de marinade. Laissez mariner au moins 15 min et jusqu'à 4 h au réfrigérateur.

2 Faites chauffer l'huile dans une poêle antiadhésive, puis jetez-y les crevettes. Remuez sans arrêt jusqu'à ce que les crevettes deviennent roses. Servez.

Ajoutez un peu de gingembre frais à la marinade et servez ces crevettes avec du brocoli vapeur ou des pois gourmands.

Crevettes crues
500-600 g
(décortiquées)

Sauce soja
5 cl

Miel
2 c. à soupe

Ail haché
1 gousse

... et aussi un peu de
huile d'olive (1 filet)
poivre

LINGUINE AUX COQUES
et à l'aneth

15 min

20 min

4 pers.

408 cal par portion

1 Faites cuire les pâtes dans un grand volume d'eau bouillante salée. Égouttez-les et conservez 10 cl d'eau de cuisson.

2 Faites chauffer une grande casserole, puis mettez-y les coques lavées, le vin blanc et la moitié de l'aneth. Couvrez et laissez cuire 5 min (les coquillages sont cuits lorsqu'ils sont ouverts).

3 Ajoutez les pâtes, l'eau de cuisson, le reste de l'aneth, le zeste du citron, puis assaisonnez et servez.

Linguine
300 g (complètes ou semi-complètes)

Coques
500-600 g

Vin blanc sec
12 cl

Aneth haché
1/2 botte

Citron
1

... et aussi un peu de
sel et poivre

TOMATES FARCIES AU BLÉ
et aux olives

30 min

55 min

4 pers.

311 cal par portion

Tomates
8

Blé précuit
200 g

Olives vertes
20

Oignon haché
1

... et aussi un peu de

huile d'olive (1 filet)

sel et poivre

1 Coupez les tomates en deux et récupérez leur pulpe (gardez les chapeaux).

2 Faites revenir l'oignon et la pulpe de tomate dans l'huile pendant quelques minutes, puis ajoutez le blé et 40 cl d'eau. Portez à ébullition et laissez cuire jusqu'à ce que le blé ait totalement absorbé le liquide (comptez 10 min environ).

3 Assaisonnez, puis ajoutez les olives coupées en rondelles. Répartissez la farce dans les tomates, recouvrez du chapeau et enfournez pour 40 min à 180 °C.

Servez 2 tomates par personne avec un peu de mesclun ou de mâche.

COURGETTES FARCIES
au quinoa

25 min | 30 min
4 pers. | 133 cal par portion

1 Coupez les courgettes en deux et videz-les. Hachez la chair et faites-la revenir à la poêle dans l'huile avec les dés de carotte jusqu'à ce que les légumes soient dorés. Mélangez avec le quinoa et la menthe.

2 Plongez les demi-courgettes pour 3 min dans de l'eau bouillante salée, puis égouttez-les. Garnissez-les de farce au quinoa et enfournez pour 20 min à 180 °C.

Pour plus de gourmandise, ajoutez un peu de fromage râpé avant d'enfourner.

Courgettes
4

Quinoa cuit
200 g

Carottes en dés
2

Menthe hachée
1/4 de botte

... et aussi un peu de
huile d'olive (1 filet)
sel et poivre

FRITTATA
aux petits pois

15 min

15 min

4 pers.

175 cal par portion

1 Faites cuire les petits pois à l'eau salée pendant 5 min. Égouttez.

2 Battez les œufs en omelette, puis ajoutez les petits pois, l'oignon émincé, l'estragon, du sel et du poivre.

3 Faites chauffer l'huile dans une poêle antiadhésive, puis versez-y la préparation aux œufs. Faites cuire 5 min à feu moyen, puis retournez la frittata et poursuivez la cuisson pendant 5 min. Servez bien chaud.

Pour retourner facilement la frittata, utilisez une assiette. Servez avec de la roquette et un peu d'oignon rouge cru émincé finement.

Œufs
4

Petits pois surgelés
400 g

Oignon rouge
1

Estragon haché
1/2 botte

... et aussi un peu de
huile d'olive (1 filet)
sel et poivre

PETITS FLANS
à la brousse et aux poivrons

10 min | 20 min

6 pers. | 210 cal par portion

1 Fouettez les œufs avec la farine. Assaisonnez, puis ajoutez l'origan.

2 Mélangez la brousse émiettée avec les poivrons coupés en dés et répartissez dans 6 ramequins. Versez par-dessus la préparation aux œufs, puis enfournez pour 20 min à 180 °C.

Servez tiède avec une salade verte.

Œufs
4

Brousse
250 g

Poivrons grillés
1 bocal

Origan séché
1 c. à café

... et aussi un peu de

farine (60 g)

sel et poivre

ALOO PALAK

20 min

25 min

4 pers.

199 cal
par portion

1 Faites revenir les oignons et les épices dans l'huile. Ajoutez les pommes de terre coupées en dés et 20 cl d'eau. Laissez cuire jusqu'à ce que l'eau se soit évaporée.

2 Ajoutez les épinards et laissez mijoter quelques minutes.

Vous pouvez ajouter un peu d'ail haché et servir ce plat indien avec des naans.

Épinards
500 g
(frais ou surgelés)

Pommes de terre
500 g

Oignons hachés
2

Graines de cumin
1/2 c. à café

Curcuma
1/2 c. à café

... et aussi un peu de
huile d'olive (1 filet)
sel et poivre

DAHL DE LENTILLES CORAIL

aux tomates cerises

20 min

25 min

4 pers.

408 cal par portion

1 Faites cuire les lentilles à l'eau bouillante salée pendant 15 min. Égouttez.

2 Dans la casserole, reversez les lentilles et ajoutez la crème de coco, l'oignon, le cumin et la moitié des tomates coupées en deux. Laissez mijoter 10 min en ajoutant un peu d'eau si nécessaire et en remuant régulièrement.

3 Assaisonnez et servez accompagné des tomates restantes.

Parsemez le plat de coriandre hachée.

Lentilles corail
300 g

Tomates cerises
300 g

Crème de coco allégée
20 cl

Oignon haché
1

Cumin en poudre
1 c. à café

... et aussi un peu de
sel et poivre

WOK de légumes

20 min

15 min

4 pers.

92 cal par portion

1 Coupez les carottes et les courgettes en bâtonnets. Faites chauffer l'huile dans un wok, puis ajoutez le gingembre et les carottes. Faites suer quelques minutes, puis ajoutez les courgettes et poursuivez la cuisson.

2 En dernier, ajoutez les pousses de soja et déglacez avec la sauce soja. Dégustez aussitôt.

Servez avec du riz ou des nouilles de riz. Vous pouvez décorer avec un peu de sésame doré et/ou de la coriandre hachée.

Carottes
3

Courgettes
2

Pousses de soja
3 poignées

Gingembre haché
1 cm

Sauce soja
2 c. à soupe

... et aussi un peu de
huile de sésame (1 filet)

BROCOLI SAUTÉ AU TOFU
et aux amandes

20 min | 15 min

4 pers. | 283 cal par portion

1 Faites cuire les bouquets de brocoli dans de l'eau bouillante salée pendant 5 à 7 min. Égouttez.

2 Faites revenir l'oignon à la poêle dans l'huile, puis ajoutez le tofu coupé en dés. Lorsqu'il est bien doré, ajoutez le brocoli, assaisonnez et versez la sauce soja. Parsemez d'amandes effilées.

Pour plus de saveur, faites torréfier les amandes à sec dans une poêle bien chaude. Vous pouvez utiliser 500 g de brocoli surgelé à la place du frais. Servez nature ou accompagné de riz blanc.

Brocoli
1 tête

Tofu ferme
300 g

Amandes effilées
3 c. à soupe

Oignon émincé
1

Sauce soja sucrée
2 c. à soupe

... et aussi un peu de
huile de tournesol (1 filet)
sel et poivre

ONE POT PASTA
aux aubergines

10 min

15 min

4 pers.

278 cal
par portion

1 Dans une grande casserole, déposez les pâtes, l'aubergine coupée en dés, les tomates, l'oignon émincé et l'ail haché. Assaisonnez et couvrez avec 60 cl d'eau. Laissez cuire 15 min à feu moyen en remuant régulièrement.

2 Laissez reposer quelques minutes avant de déguster.

Servez avec quelques feuilles de basilic.

Pâtes type farfalle
240 g

Aubergine
1 grosse

Tomates concassées
1 boîte de 400 g

Oignon rouge
1

Ail
2 gousses

... et aussi un peu de
sel et poivre

MILLET
aux légumes verts

20 min | 35 min | 4 pers. | 308 cal par portion

1 Faites cuire le millet dans 2 fois son volume d'eau bouillante salée pendant 20 min. Égouttez et réservez.

2 Faites cuire les haricots et les bouquets de brocoli dans un grand volume d'eau salée jusqu'à ce que les légumes soient cuits mais encore croquants, puis plongez-les aussitôt dans un bain d'eau glacée. Égouttez.

3 Faites chauffer l'huile dans une poêle, ajoutez les légumes et laissez dorer quelques minutes. Versez la crème et assaisonnez.

4 Servez le millet dans des assiettes creuses, puis déposez les légumes par-dessus.

Ajoutez un peu de piment séché ou de la ciboulette ciselée.

Millet
240 g

Haricots verts
250 g

Brocoli
250 g

Crème liquide légère
10 cl

... et aussi un peu de

huile d'olive (1 filet)
sel et poivre

BRUSCHETTAS AUX FÈVES
et à la ricotta

15 min
10 min
4 pers.
224 cal par tartine

1 Faites cuire les fèves à l'eau bouillante salée selon les indications du sachet (comptez 5 min environ), puis plongez-les dans un saladier d'eau glacée. Égouttez, puis arrosez d'huile et assaisonnez avec le cumin, du sel et du poivre.

2 Faites griller les tranches de pain, étalez une fine couche de ricotta sur le pain grillé et répartissez les fèves par-dessus.

Servez ces bruschettas avec une salade de tomates cerises.

Pain complet
8 fines tranches

Fèves surgelées
300 g

Ricotta
250 g

Cumin en poudre
1 pincée

... et aussi un peu de
huile d'olive (1 filet)
sel et poivre

MOUSSAKA végétarienne

30 min

1 h

4 pers.

219 cal par portion

1 Déposez les aubergines coupées en rondelles de 1 cm d'épaisseur et les oignons également en rondelles sur la plaque du four recouverte de papier sulfurisé et faites-les cuire 30 min à 180 °C.

2 Délayez la fécule petit à petit avec le lait. Versez le tout dans une casserole avec l'huile, du sel et du poivre, et faites épaissir quelques minutes tout en fouettant.

3 Dans un plat à gratin, déposez les rondelles d'aubergine et d'oignon en intercalant les tomates concassées entre chaque couche, puis recouvrez de béchamel. Enfournez pour 25 min à 180 °C.

Ajoutez du piment et un peu de cannelle aux légumes pour plus de saveur.

Aubergines
4

Tomates concassées
1 boîte de 400 g

Oignons
2

Lait demi-écrémé
40 cl

Fécule de maïs
25 g

... et aussi un peu de
huile d'olive (1 filet)
sel et poivre

TIAN
de légumes

30 min

45 min

4 pers.

273 cal par portion

1 Coupez les légumes en fines rondelles. Dans un plat à gratin, déposez du coulis de tomates. Réalisez des couches de légumes en commençant par les courgettes. Entre chaque couche, salez, poivrez et nappez de coulis de tomates. Terminez par des courgettes.

2 Parsemez de comté et enfournez pour 45 min à 180 °C.

Servez avec du basilic et un peu de mesclun.

Courgettes
3

Tomates charnues
4

Pommes de terre
4

Coulis de tomates
1 boîte de 400 g

Comté râpé
50 g

... et aussi un peu de
sel et poivre

GRATIN DE PATATES DOUCES
à l'avoine

15 min
30 min
4 pers.
261 cal par portion

1 Mélangez le lait d'avoine et la crème. Salez et poivrez.

2 Déposez les patates douces coupées en fines rondelles et l'oignon émincé finement dans un plat à gratin, puis recouvrez avec la crème au lait d'avoine.

3 Parsemez de flocons d'avoine et enfournez pour 30 min à 200 °C.

Pour plus de gourmandise, ajoutez 2 c. à soupe de parmesan râpé aux flocons d'avoine avant d'enfourner.

Pour une version sans lactose, remplacez la crème liquide par de la crème d'avoine, de riz ou encore de coco.

Patates douces
800 g

Flocons d'avoine
3 c. à soupe

Lait d'avoine
12 cl

Crème liquide
12 cl (à 12 % de MG)

Oignon
1

... et aussi un peu de
sel et poivre

PATATES DOUCES RÔTIES,
sauce yaourt à la ciboulette

15 min

45 min

4 pers.

272 cal par portion

1 Coupez les patates douces en deux dans la longueur. Assaisonnez-les et arrosez-les d'huile.

2 Enfournez pour 45 min environ à 180 °C. La pointe d'un couteau doit s'enfoncer sans problème dans la chair.

3 Mélangez le yaourt, la ciboulette, la moutarde, du sel et du poivre. Nappez-en les patates douces.

Servez avec une salade de roquette.

Patates douces
4

Yaourt nature
200 g

Ciboulette hachée
1/2 botte

Moutarde
1 c. à soupe

... et aussi un peu de

huile d'olive (1 filet)

sel et poivre

GALETTES DE CAROTTES
au piment d'Espelette

20 min

10 min

4 pers.

161 cal par portion

1 Mélangez les carottes et les pommes de terre râpées avec les œufs, le piment et du sel.

2 Faites chauffer l'huile dans une poêle antiadhésive. Déposez-y 8 petits tas de préparation et aplatissez-les légèrement.

3 Faites cuire 5 min environ de chaque côté, jusqu'à ce que les galettes soient bien dorées.

Servez avec une salade verte.

Carottes
300 g

Pommes de terre
300 g

Œufs
2

Piment d'Espelette
1/2 c. à café

... et aussi un peu de

huile d'olive (1 filet)

sel

POIVRONS GRILLÉS
au chèvre et à la menthe

20 min
30 min
4 pers.
200 cal par portion

1 Déposez les poivrons coupés en deux sur la plaque du four recouverte de papier sulfurisé et enfournez pour 20 à 30 min à 220 °C, jusqu'à ce qu'ils soient bien grillés. Laissez légèrement refroidir et retirez la peau.

2 Dans chaque demi-poivron, déposez 1 c. à soupe de fromage de chèvre, un peu de menthe, de la réduction de balsamique, du sel et du poivre.

Servez 3 demi-poivrons par personne et accompagnez de riz ou de pommes de terre vapeur.

Poivrons
6 (de différentes couleurs)

Chèvre frais
150 g

Menthe hachée
1/2 botte

Réduction
de balsamique
3 c. à soupe

... et aussi un peu de
sel et poivre

SALADE
multivitaminée

10 min
Sans cuisson
4 pers.
Repos 2 h
142 cal par portion

1 Égrainez la grenade et mélangez-la avec les framboises et les grains de raisin coupés en deux. Ajoutez le basilic et le miel, puis mélangez pour enrober les fruits.

2 Réservez au moins 2 h au réfrigérateur. Servez bien frais.

Cette salade très rafraîchissante est parfaite pour l'été. Si les fruits sont très sucrés, vous pouvez même supprimer le miel.

Grenade
1

Framboises
250 g

Raisin
200 g

Basilic ciselé
8-10 feuilles

Miel d'acacia
3 c. à soupe

NAGE D'AGRUMES
à la menthe

10 min | Sans cuisson

4 pers. | Repos 2 h

114 cal par portion

1 Prélevez les suprêmes des pamplemousses et des oranges, puis pressez les fruits. Déposez le tout dans un saladier avec la menthe, le gingembre et le sirop d'agave.

2 Réservez au moins 2 h au réfrigérateur et servez très frais.

Ajoutez 1 ou 2 fruits de la Passion. Vous pouvez aussi utiliser du gingembre en poudre à la place du frais, ou encore un peu de cannelle.

Pamplemousses
3

Oranges
3

Menthe ciselée
10-15 feuilles

Gingembre râpé
1/4 de c. à café

Sirop d'agave
2 c. à soupe

COMPOTE DE RHUBARBE

et de fraises au miel

10 min

30 min

4 pers.

Repos 3 h

111 cal par portion

Fraises
400 g

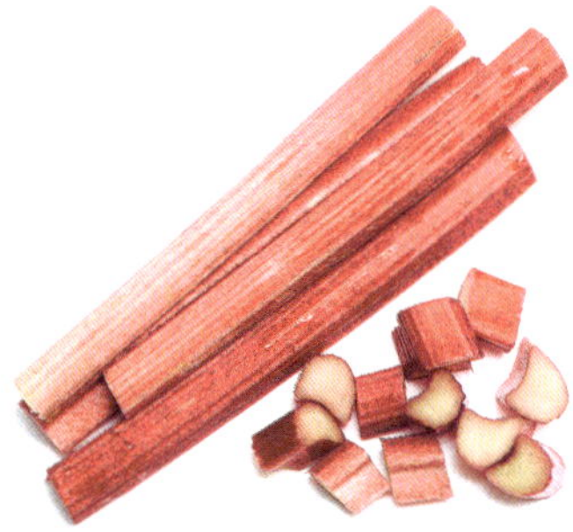

Rhubarbe
200 g

Miel
3 c. à soupe

1 Coupez la rhubarbe en dés. Faites chauffer tous les ingrédients dans une casserole. Lorsque le mélange bout, couvrez, baissez le feu et laissez cuire 25 min environ.

2 Mixez, puis laissez refroidir avant de réserver au moins 3 h au réfrigérateur.

Ajoutez les graines de 1 gousse de vanille ou 1 étoile de badiane pour parfumer cette compote. Elle accompagne parfaitement un fromage blanc ou un yaourt nature.

POIRES POCHÉES
au thé Earl Grey

20 min

35 min

4 pers.

Repos 4 h

147 cal par portion

1 Portez à ébullition une grande casserole d'eau (elle doit pouvoir contenir les 4 poires). Retirez du feu, ajoutez le thé et laissez infuser 3 ou 4 min.

2 Retirez les sachets de thé, remettez la casserole sur le feu et ajoutez les poires pelées, le jus du citron et le miel. Laissez cuire 15 min à couvert.

3 Retirez les poires et faites réduire le sirop de moitié. Réservez le tout au moins 4 h au réfrigérateur et servez bien frais.

Ajoutez 1 étoile de badiane et les graines de 1 gousse de vanille pour parfumer encore plus le sirop.

Poires
4 (pas trop mûres)

Thé Earl Grey
2 sachets

Citron
1

Miel
3 c. à soupe

SOUPE DE FRAISES
au basilic

10 min
Sans cuisson
4 pers.
100 cal par portion

Fraises
500 g

Basilic
10 feuilles

Miel
3 c. à soupe

Orange
1

1 Zestez et pressez l'orange. Déposez tous les ingrédients dans le bol d'un mixeur et mixez.

2 Réservez au réfrigérateur jusqu'au moment de servir.

Gardez quelques zestes pour décorer la soupe.

ABRICOTS RÔTIS AU MIEL
et au romarin

5 min
15 min
4 pers.
90 cal par portion

Abricots
6-8

Miel
3 c. à soupe

Romarin
4 branches

1 Dénoyautez les abricots. Piquez 3 ou 4 oreillons sur chaque branche de romarin (vous pouvez retirer quelques feuilles de romarin pour faciliter l'opération) et déposez les brochettes dans un plat allant au four.

2 Nappez de miel et enfournez pour 15 min à 180 °C. Servez dès la sortie du four.

Servez avec un peu de yaourt glacé (voir recette p. 406).

FIGUES au four

10 min
15 min
4 pers.
166 cal par portion

1 Incisez le sommet des figues en croix, puis déposez-les dans un plat allant au four. Arrosez de sirop, ajoutez un peu de fleur de sel et enfournez pour 15 min à 180 °C.

2 Pendant la cuisson des figues, faites griller à sec les amandes effilées. Parsemez les figues d'amandes grillées et servez chaud.

Vous pouvez remplacer le sirop d'agave par du miel et les amandes par des pignons de pin.

Figues
12

Sirop d'agave
3 c. à soupe

Amandes effilées
2 c. à soupe

... et aussi un peu de
fleur de sel

SOUFFLÉS À LA RICOTTA

et au citron vert

10 min

20 min

6 pers.

147 cal par portion

1 Fouettez les œufs avec le sucre jusqu'à ce que le mélange blanchisse. Ajoutez le zeste du citron, la ricotta, la farine et 1 pincée de sel, puis répartissez dans les ramequins.

2 Enfournez pour 20 min à 190 °C. Servez dès la sortie du four.

Gardez quelques zestes de citron pour décorer.

Ricotta
250 g

Citron vert
1

Œufs
2

Sucre roux
60 g

Farine
30 g

... et aussi un peu de
sel

CRUMBLE DE MYRTILLES
aux flocons d'avoine

10 min | 30 min
6 pers. | 246 cal par portion

1 Mélangez les flocons d'avoine, les amandes, le sirop d'érable et l'huile. Ajoutez 1 belle pincée de fleur de sel.

2 Déposez les myrtilles dans un plat allant au four et parsemez de crumble avant d'enfourner pour 30 min à 180 °C. Servez tiède.

Réalisez ce crumble avec vos fruits de saison préférés : pêches, pommes, poires...

Myrtilles
400 g
(fraîches ou surgelées)

Flocons d'avoine
130 g

Amandes en poudre
60 g

Sirop d'érable
60 g

Huile d'olive
2 c. à soupe

... et aussi un peu de
fleur de sel

POMMES AU FOUR
au sirop d'érable et pain d'épices

10 min
40 min
6 pers.
136 cal par portion

Pommes
6 (type golden)

Sirop d'érable
6 c. à soupe

Pain d'épices
2 tranches

1 Coupez un chapeau dans chaque pomme, puis retirez le cœur à l'aide d'un vide-pomme. Versez 1 c. à soupe de sirop d'érable dans chaque fruit.

2 Déposez les pommes dans un plat allant au four. Ajoutez un fond d'eau dans le plat et enfournez pour 30 à 40 min à 180 °C.

3 Faites griller les tranches de pain d'épices au grille-pain et émiettez-les au-dessus des pommes juste avant de servir.

Pour éviter que la peau n'éclate à la cuisson, piquez le pourtour des pommes à l'aide d'une fourchette.

GRATIN DE POIRES
aux noisettes

15 min | 20 min

4 pers. | 217 cal par portion

Poires
3

Noisettes en poudre
30 g

Œuf
1

Cassonade
30 g

Crème liquide légère
10 cl

... et aussi un peu de
sel

1 Fouettez l'œuf avec la cassonade et 1 pincée de sel. Ajoutez les noisettes en poudre, puis délayez avec la crème.

2 Répartissez les poires coupées en lamelles dans un plat à gratin et recouvrez du mélange précédent. Enfournez pour 20 min à 200 °C. Servez tiède.

Avant d'enfourner, vous pouvez ajouter quelques noisettes concassées.

CERISES POÊLÉES AU MIEL

et aux pistaches

10 min | 10 min

4 pers. | 158 cal par portion

1 Déposez le miel et la badiane dans une poêle et faites chauffer jusqu'à ce que le miel soit bien mousseux. Ajoutez les cerises dénoyautées et poursuivez la cuisson pendant 5 min sans cesser de remuer.

2 Déglacez avec 1 ou 2 c. à soupe d'eau. Répartissez les cerises dans des coupelles et parsemez de pistaches concassées. Servez chaud ou tiède.

Servez ces cerises avec quelques cuillerées de fromage blanc de brebis.

Cerises
400 g

Miel
1 c. à soupe

Étoiles de badiane
2

Pistaches
2 c. à soupe

ANANAS RÔTI
à la vanille

15 min

20 min

4 pers.

125 cal
par portion

1 Déposez l'ananas coupé en 8 quartiers dans une poêle et faites chauffer à feu vif. Lorsqu'il est bien doré, ajoutez le jus de l'orange et la gousse de vanille fendue en deux. Baissez le feu, couvrez et laissez cuire 15 min en remuant de temps en temps.

2 Retirez l'ananas et faites réduire le jus. Servez chaud, avec le jus réduit et le zeste du citron vert.

Ananas
1

Orange
1

Vanille
1 gousse

Citron vert
1

GRATIN DE FRUITS ROUGES
à l'amaretto

15 min — 2 min

4 pers. — 180 cal par portion

1 Répartissez les fruits rouges dans les ramequins.

2 Fouettez vivement les jaunes d'œufs et le sucre jusqu'à ce que le mélange double de volume. Incorporez la crème et l'amaretto, puis répartissez le mélange sur les fruits rouges.

3 Flambez les gratins à l'aide d'un chalumeau ou passez-les rapidement sous le gril du four. Servez aussitôt.

Fruits rouges
250 g

Amaretto
1 c. à soupe

Jaunes d'œufs
2

Sucre
50 g

Crème liquide légère
15 cl

PAPILLOTES ANANAS-PASSION

aux épices

15 min | 20 min

4 pers. | 206 cal par portion

1 Découpez 4 rectangles de papier sulfurisé. Sur chacun, déposez de l'ananas coupé en dés, la pulpe d'un 1/2 fruit de la Passion, 1 c. à soupe de cassonade, 1 pincée de cannelle et 1 étoile de badiane.

2 Fermez hermétiquement les papillotes et enfournez pour 20 min à 180 °C. Servez dès la sortie du four.

Ananas
1

Fruits de la Passion
2

Cassonade
4 c. à soupe

Cannelle en poudre
1/2 c. à café

Étoiles de badiane
4

BANANES RÔTIES
au sirop d'érable et aux noix

10 min

35 min

4 pers.

219 cal
par portion

1 Mélangez le jus du citron avec le sirop d'érable, les noix concassées et le rhum si vous le souhaitez. Fendez la peau des bananes dans la longueur et ouvrez légèrement avant de répartir le sirop.

2 Enfournez pour 35 min à 180 °C. Dégustez tiède.

Servez éventuellement avec du fromage blanc ou une glace au yaourt.

Bananes bien mûres
4

Sirop d'érable
4 c. à soupe

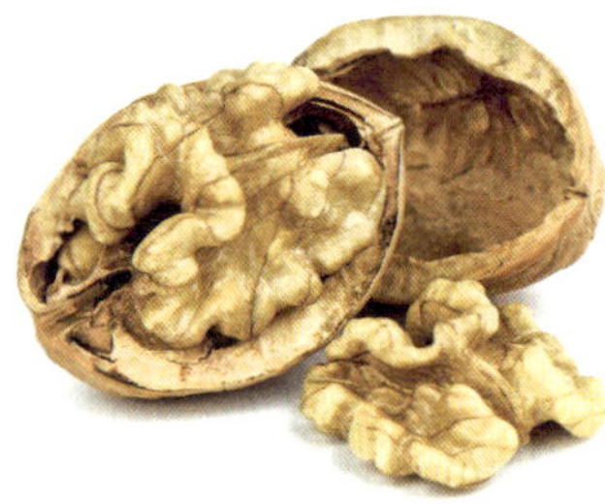

Noix
30 g

Citron
1

Rhum
2 c. à soupe (facultatif)

TRIFLE AUX MYRTILLES

et au kiwi

15 min | Sans cuisson
4 pers. | 228 cal par portion

1 Mélangez les petits-suisses avec le sirop d'agave. Coupez les kiwis en cubes, en conservant 4 rondelles.

2 Déposez dans chaque verrine une couche de petits-beurre émiettés, une couche de petits-suisses et une couche de fruits (myrtilles et cubes de kiwi).

3 Répétez l'opération et finissez avec une couche de petits-suisses surmontée d'une rondelle de kiwi.

Myrtilles
125 g

Kiwis
3

Petits-suisses
6

Sirop d'agave
40 g

Petits-beurre
8

MOUSSE DE POIRES
aux petits-suisses

15 min
2 min
4 pers.
Repos 4 h
190 cal par portion

1 Faites tremper la gélatine 10 min environ dans de l'eau froide.

2 Mixez les poires avec les petits-suisses et le jus du citron. Montez les blancs d'œufs en neige, puis fouettez-les avec le sucre. Incorporez-les délicatement au mélange précédent.

3 Dans une petite casserole, faites chauffer 1 c. à soupe de mousse, retirez du feu, puis ajoutez la gélatine essorée. Mélangez au reste de la mousse. Répartissez dans les verrines et réservez au moins 4 h au réfrigérateur.

Juste avant de servir, parsemez de spéculoos émiettés.

Poires
400 g

Petits-suisses
2

Feuilles de gélatine
3

Citron
1

Blancs d'œufs
2

Sucre
60 g

LASSI
à la mangue

5 min | Sans cuisson

4 pers. | Repos 2 h

161 cal par portion

1 Récupérez les graines de cardamome. Mixez tous les ingrédients (sauf la noix de coco). Réservez au moins 2 h au réfrigérateur.

2 Parsemez de noix de coco et servez très frais. À déguster à la cuillère ou à la paille.

Yaourts nature
2 (soit 250 g)

Mangues
2

Lait
10 cl

Cardamome verte
2 gousses

Noix de coco râpée
2 c. à soupe

MOUSSE AU CHOCOLAT

et au café

15 min

5 min

6 pers.

Repos 4 h

185 cal par portion

1 Hachez le chocolat et faites-le fondre au bain-marie.

2 Montez les blancs d'œufs en neige avec 1 pincée de sel, puis incorporez-les délicatement au chocolat. Ajoutez l'expresso et réservez au moins 4 h au réfrigérateur.

Chocolat noir
180 g (à 70 % de cacao)

Expresso
1 (petit et bien serré)

Blancs d'œufs
5

… et aussi un peu de
sel

CRÈME AUX ŒUFS
au lait d'amande

10 min | 35 min
6 pers. | Repos 3 h
165 cal par portion

1 Mélangez les œufs avec le sirop d'agave. Portez le lait d'amande, la crème et les graines de la gousse de vanille à ébullition, puis versez sur le mélange précédent.

2 Répartissez la préparation dans les ramequins et enfournez au bain-marie pour 30 min à 180 °C. Laissez tiédir avant de réserver au moins 3 h au réfrigérateur.

Œufs
3

Lait d'amande
30 cl

Sirop d'agave
5 c. à soupe

Crème liquide
20 cl (à 12 % de MG)

Vanille
1 gousse

CRÈMES AU CHOCOLAT
et à la noix de coco

15 min

5 min

4 pers.

Repos 3 h

274 cal par portion

1 Dans une casserole, délayez la fécule et le sucre dans le lait froid, puis faites chauffer. Lorsque le mélange bout, baissez le feu et ajoutez le chocolat coupé en morceaux. Faites cuire 1 min tout en fouettant, puis réservez dans un saladier.

2 Laissez refroidir, puis placez pour au moins 3 h au réfrigérateur.

3 Au moment de servir, répartissez la crème dans les coupelles et parsemez de noix de coco.

Chocolat noir
90 g

Noix de coco râpée
2 c. à soupe

Fécule de maïs
15 g

Sucre roux
30 g

Lait demi-écrémé
33 cl

PANNA COTTA À L'ORANGE

et à la verveine

15 min

5 min

4 pers.

Repos 4 h

225 cal par portion

1 Faites tremper la gélatine 10 min environ dans de l'eau froide.

2 Faites chauffer la crème, le lait, le zeste des oranges, la verveine et le sirop d'agave. Lorsque le mélange bout, retirez du feu et ajoutez la gélatine essorée. Filtrez au-dessus des verrines et réservez au moins 4 h au réfrigérateur.

3 Au moment de servir, déposez les suprêmes des oranges sur le dessus.

Crème liquide
30 cl (à 12 % de MG)

Lait écrémé
25 cl

Oranges
2

Verveine
10 feuilles

Sirop d'agave
50 g

Feuilles de gélatine
3

CÂTEAUX DE SEMOULE
au sirop d'agave

20 min

10 min

4 pers.

Repos 4 h

230 cal par portion

Semoule fine
75 g

Sirop d'agave
70 g + 4 c. à soupe

Lait écrémé
60 cl

Vanille
1 gousse

1 Faites caraméliser doucement 70 g de sirop d'agave dans une casserole, puis versez le caramel dans les ramequins.

2 Portez le lait et les graines de la gousse de vanille à ébullition. Ajoutez la semoule et laissez cuire 5 min sans cesser de remuer.

3 Ajoutez les 4 c. à soupe de sirop, mélangez et versez dans les ramequins. Laissez refroidir, puis réservez au moins 4 h au réfrigérateur.

FONDANT AU CHOCOLAT
et aux noisettes sans beurre

15 min | 35 min | 8 pers. | 246 cal par portion

Chocolat noir
130 g

Noisettes en poudre
50 g

Œufs
4

Crème liquide
12 cl (à 12 % de MG)

Fécule de maïs
2 c. à soupe

Sucre
90 g

1 Séparez les blancs des jaunes d'œufs. Faites fondre le chocolat avec la crème au bain-marie. Ajoutez les jaunes d'œufs, les noisettes en poudre et la fécule.

2 Montez les blancs en neige, fouettez-les avec le sucre, puis incorporez-les délicatement.

3 Versez la pâte dans un moule chemisé de papier sulfurisé et enfournez pour 30 min à 180 °C.

En plus d'être sans beurre, ce gâteau est sans gluten.

CÂTEAU AU FROMAGE BLANC

et à la fleur d'oranger

15 min | 30 min

6 pers. | Repos 3 h

163 cal par portion

1 Séparez les jaunes des blancs d'œufs. Fouettez les jaunes avec le sucre jusqu'à ce que le mélange double de volume, puis ajoutez la fécule et l'eau de fleur d'oranger.

2 Montez les blancs en neige ferme avec 1 pincée de sel, puis incorporez-les délicatement au mélange. Versez la pâte dans un moule chemisé de papier sulfurisé et enfournez pour 30 min à 180 °C.

3 Laissez tiédir avant de réserver au moins 3 h au réfrigérateur.

Servez ce gâteau bien frais avec des fraises ou un coulis de fruits rouges.

Fromage blanc
500 g (à 20 % de MG)

Eau de fleur d'oranger
1 c. à soupe

Œufs
4

Sucre
80 g

Fécule de maïs
95 g

... et aussi un peu de
sel

CLAFOUTIS AUX ABRICOTS,
amandes et sirop d'agave

15 min

35 min

6 pers.

Repos 3 h

218 cal par portion

1 Fouettez les œufs avec le sirop d'agave, les amandes et la fécule. Délayez avec le lait.

2 Déposez les abricots coupés en deux dans un moule chemisé de papier sulfurisé, puis versez la pâte par-dessus. Enfournez pour 35 min à 180 °C.

3 Laissez refroidir puis réservez 3 h au réfrigérateur.

Vous pouvez parsemer d'amandes effilées avant d'enfourner.

Abricots
8

Sirop d'agave
80 g

Amandes en poudre
50 g

Œufs
2

Fécule de maïs
80 g

Lait demi-écrémé
30 cl

MILLEFEUILLE DE FRAISES

aux petits-suisses

25 min

5 min

6 pers.

164 cal par portion

Feuilles de brick
6

Fraises
250 g

Petits-suisses
6

Beurre
20 g

Cassonade
50 g

1 Découpez 36 rectangles de même taille dans les feuilles de brick, badigeonnez-les de beurre fondu, puis enfournez-les pour 5 min à 180 °C.

2 Mélangez les petits-suisses avec la cassonade. Pour chaque millefeuille, déposez 2 rectangles de brick, étalez une couche de petits-suisses, une couche de fraises coupées en morceaux, de nouveau 2 rectangles, une couche de petits-suisses, puis de fraises. Terminez par 2 rectangles.

COOKIES À LA BANANE,
avoine et noisettes

5 min

15 min

4 pers.

288 cal
par portion

1 Écrasez les bananes avec le sucre et 1 pincée de sel. Ajoutez les flocons d'avoine et les noisettes.

2 Formez 12 petites boules de pâte, puis aplatissez-les sur la plaque du four recouverte de papier sulfurisé et enfournez pour 15 min à 180 °C.

Bananes très mûres
2

Flocons d'avoine
120 g

Noisettes concassées
50 g

Sucre roux
30 g

... et aussi un peu de
sel

CÂTEAU AUX FRAMBOISES,
amandes et ricotta

10 min

30 min

8 pers.

Repos 2 h

223 cal par portion

1 Séparez les blancs des jaunes d'œufs. Fouettez les jaunes avec le sucre, puis incorporez la ricotta et les amandes.

2 Montez les blancs en neige avec 1 pincée de sel et incorporez-les. Versez la pâte dans un moule chemisé de papier sulfurisé, parsemez de framboises et enfournez pour 30 min à 180 °C.

3 Laissez refroidir, puis réservez au moins 2 h au réfrigérateur.

Ajoutez quelques pistaches concassées juste avant de servir.

Framboises
300 g

Amandes en poudre
125 g

Ricotta
250 g

Œufs
3

Sucre roux
70 g

... et aussi un peu de
sel

TARTE FINE AUX POMMES
et à la cannelle

15 min | 20 min
4 pers. | 280 cal par portion

1 Superposez les feuilles de brick. Répartissez dessus les amandes ainsi que les pommes coupées en lamelles.

2 Saupoudrez de cannelle et de cassonade, puis enfournez pour 20 min à 200 °C.

Feuilles de brick
5

Pommes golden
3

Amandes en poudre
3 c. à soupe

Cannelle en poudre
1/4 de c. à café

Cassonade
3 c. à soupe

ROCHERS
coco

10 min
15 min
6 pers.
56 cal par rocher

Noix de coco râpée
180 g

Blancs d'œufs
3

Sirop d'agave
75 g

… et aussi un peu de
sel (1 pincée)

1 Mélangez tous les ingrédients, puis formez 24 petites boules entre les paumes.

2 Déposez-les sur la plaque du four recouverte de papier sulfurisé et enfournez pour 15 min à 180 °C.

Pour une version plus gourmande, trempez la base des rochers refroidis dans du chocolat noir à 70 % de cacao fondu et laissez prendre au réfrigérateur.

FIADONE CORSE

au sirop d'agave

15 min | 30 min

6 pers. | 218 cal par portion

1 Séparez les blancs des jaunes d'œufs. Mélangez la brousse avec les jaunes, le sirop, le zeste du citron et éventuellement le limoncello.

2 Montez les blancs en neige avec 1 pincée de sel et incorporez-les délicatement au mélange. Versez la pâte dans un moule chemisé de papier sulfurisé et enfournez pour 30 min à 180 °C.

Vous pouvez déguster ce dessert encore tiède ou, mieux, réservez-le au réfrigérateur et servez-le bien frais.

Brousse allégée
500 g

Sirop d'agave
100 g

Œufs
5

Citron
1

Limoncello
2 c. à soupe (facultatif)

... et aussi un peu de
sel

CAKE SANS BEURRE NI ŒUFS

à la compote et au yaourt

10 min

50 min

6 pers.

234 cal par portion

1 Déposez tous les ingrédients secs dans un saladier, puis ajoutez la compote, le yaourt et l'huile. Mélangez bien.

2 Versez la pâte dans un moule à cake chemisé de papier sulfurisé et enfournez pour 50 min à 180 °C. Dégustez tiède ou froid.

Ajoutez une pomme coupée en lamelles sur le dessus du cake avant d'enfourner.

Compote de pomme
200 g

Yaourt nature
1 (soit 125 g)

Farine
200 g

Sucre roux
100 g

Amandes en poudre
100 g

... et aussi un peu de
levure chimique (1 sachet)
sel (1 pincée)
huile d'olive (5 cl)

CÂTEAU LÉGER
aux nectarines

15 min

45 min

6 pers.

172 cal
par portion

1 Fouettez les œufs avec la cassonade jusqu'à ce que le mélange blanchisse. Ajoutez le beurre fondu, le lait, puis la farine et la levure.

2 Ajoutez les nectarines coupées en fines lamelles et enrobez-les bien de pâte avant de les poser dans un moule chemisé de papier sulfurisé. Enfournez pour 45 min à 180 °C. Laissez tiédir avant de déguster.

Nectarines
5

Œufs
2

Cassonade
40 g

Beurre
20 g

Lait écrémé
10 cl

... et aussi un peu de

farine (70 g)

levure chimique (1 sachet)

SORBET FRAISE-CITRON VERT express

15 min
Sans cuisson
6 pers.
Congélation 12 h
25 cal par portion

1 La veille, entreposez les fraises coupées en morceaux dans un plat au congélateur.

2 Le jour même, mixez les fraises avec le jus et le zeste du citron ainsi que le sirop d'agave si elles ne sont pas assez sucrées. Servez aussitôt.

Décorez de quelques zestes de citron. Pour une pointe d'originalité, ajoutez un tour de moulin à poivre : fraises et poivre sont deux ingrédients qui se marient à merveille.

Fraises bien mûres
500 g

Citron vert
1

Sirop d'agave
4 c. à soupe (facultatif)

GLACE EXOTIQUE

mangue et coco

15 min
Sans cuisson
4 pers.
Congélation 12 h
203 cal par portion

Mangues
2

Crème de coco
allégée
20 cl

Sirop d'érable
4 c. à soupe

1 La veille, coupez les mangues en petits morceaux et déposez-les à plat dans un récipient au congélateur.

2 Le jour même, mixez tous les ingrédients jusqu'à ce que la glace ait une texture onctueuse. Dégustez aussitôt ou réservez au congélateur.

Vous pouvez remplacer la crème de coco par du yaourt.

YAOURT GLACÉ
au miel et aux noix

6 min
Sans cuisson
6 pers.
Turbinage 30 min
136 cal par portion

Yaourts nature
4 (soit 500 g)

Miel
50 g + pour servir

Noix
50 g

1 Mélangez les yaourts et le miel, puis versez dans le bol d'une sorbetière. Turbinez pendant 30 min, jusqu'à ce que la glace soit prise.

2 Répartissez dans les coupelles, parsemez de noix concassées et nappez d'un peu de miel.

Si vous n'avez pas de sorbetière, versez le mélange dans un bac et entreposez-le au congélateur. Grattez régulièrement à l'aide d'une fourchette jusqu'à ce que la glace soit prise. Pour une glace très crémeuse, utilisez des yaourts à la grecque (vous en trouverez à 0 % de MG).

SOUPE GLACÉE de melon

5 min
Sans cuisson
4 pers.
Repos 2 h
45 cal par portion

1 Zestez et pressez le citron. Mixez tous les ingrédients jusqu'à ce que la texture soit lisse et homogène.

2 Réservez au moins 3 h au réfrigérateur et servez bien froid.

Pour ceux qui préfèrent le melon en entrée, remplacez la menthe par quelques feuilles de basilic et un peu de gingembre râpé.

Melon bien mûr
1

Citron vert
1

Menthe
8-10 feuilles

INDEX par ingrédients

Photographies des recettes
Olivier Ploton

Crédits photographiques des vignettes

© Thinkstock : 10 (a, c), 12 (c, d), 14 (a, c, d), 16 (b), 18 (a, b, c), 20 (a, c, d), 22 (b, c), 24 (d), 26 (a, c, d), 28 (a, b), 30 (d), 32 (b, c), 34 (b, d), 36 (a, b, d, e), 38 (b, c, d), 40 (a, b, d, e), 42 (a, b, d), 44 (d), 46 (a, c, e), 48 (a, b, c), 50 (b, d, e), 52 (b), 54 (a, b), 56 (a, b), 58 (a, b, e), 60 (a, b, d, e), 62 (a), 64 (a, c), 68 (c), 70 (a, d), 72 (a, c), 74 (c, d), 76 (a, c), 78 (a, b, d), 80 (b, c, e), 82 (b, c, d), 84 (a, b, e), 86 (b, d), 88 (a, b), 90 (c, d), 92 (a, b, c), 94 (a, c, d), 96 (a, c, d), 98 (a, c, d), 100 (b, c), 102 (b, c, d), 104 (a, c, e), 106 (a, b), 108 (b, d), 110 (a, d), 112 (a, c), 114 (c), 116 (a, d, e), 118 (a, c, d), 120 (c), 122 (a, b, d), 124 (b), 126 (c, d), 128 (a, b, c, d), 130 (a, b, c, d), 132 (b, c, d, e), 134 (c, d, e), 136 (c, e), 138 (b), 140 (a, b, c, d), 142 (b, c), 144 (a, d), 146 (c), 148 (a, b, c), 150 (b, c, d, e), 152 (c, d, e), 154 (a, b, c, d), 156 (a, c, d), 158 (a, c), 160 (a, b, c), 162 (a, b, d), 164 (a, c, e), 166 (a, c), 168 (a, b, c, d, e), 170 (a, c, d), 172 (a, b, c), 174 (a, c, d, e), 176 (a, b), 178 (b, c), 180 (b, d, e), 182 (a, c, d, e), 184 (a, b, c), 186 (e), 188 (a, b), 190 (b, c, d), 194 (b, c), 196 (b, c), 198 (b, c), 200 (c, d), 202 (c, e), 204 (a, c, d, e), 206 (a, b, c), 208 (b, c, d), 210 (b, d, e), 212 (a, e), 214 (a, b, d, e), 216 (b, d), 218 (c, e), 220 (b, c), 222 (a, c), 224 (a, b, c, d), 226 (b, c), 228 (c), 230 (c), 232 (a, b, d, e), 234 (a, b), 236 (a, b, c, d), 238 (a, b, d), 240 (a, b, c, d), 242 (a, b, c, d, e), 244 (b, c), 246 (b, c, d), 250 (b, c), 252 (c, d), 254 (a, c), 256 (c), 258 (b, e), 260 (c, d), 262 (a, d), 264 (d), 266 (b, d), 268 (a, b, c, d), 270 (b, c), 272 (a, b, c, d), 274 (a, b, c, d), 276 (b, c), 278 (a, b, c, e), 280 (b, c, d), 282 (a, b, c), 284 (a, d), 286 (b, c, d), 288 (b, d), 290 (c, d, e), 292 (b, c, d), 294 (c, d), 296 (b, c, d, e), 298 (a, b, d), 300 (c, d), 302 (d), 304 (d), 306 (a, b, c, e), 308 (a, b, d), 310 (a, d), 312 (a, b, d), 314 (a, b, e), 316 (a, c), 318 (a), 320 (a, c, d), 322 (c), 324 (a, b, e), 326 (a, c), 328 (a, b, c), 330 (a), 332 (b, c, d, e), 334 (a, b, c, d), 336 (a, b, c), 338 (a, c, d), 340 (a, b, c, d), 342 (a, b, c), 344 (a), 346 (b, c, d), 348 (b, e), 350 (a), 352 (a, c, d), 354 (a, b, c), 356 (a, b, d), 358 (a, c, d), 360 (a, b, c, d, e), 362 (a, c, d), 364 (b, e), 366 (a, d, e, f), 368 (b, c), 370 (a, b, c), 372 (a), 374 (a, d, e), 376 (b, c), 378 (a, c), 380 (a, f), 382 (d), 384 (a, d, f), 386 (b, e), 388 (a, b, c, d), 390 (a, d, e), 392 (b, d, e), 394 (b), 396 (d, e), 398 (a, d), 400 (a, b, c, e), 402 (a, b), 404 (a), 406 (b, c), 408 (a, b, c)

© Shutterstock : 12 (a, b), 14 (b), 16 (a, c), 18 (d, e), 20 (b), 22 (a), 24 (a, b, c), 26 (b), 28 (d), 30 (a, b), 32 (a, d, e), 34 (c), 36 (c), 38 (a), 40 (c), 44 (b, c), 46 (b, d), 50 (a, c), 52 (a, c, d), 54 (c, d), 56 (c, d), 58 (c, d), 60 (c), 62 (b, c, d), 64 (b, d), 66 (a, b, d), 68 (a), 70 (b, c), 72 (b, d), 74 (a, b), 76 (b, d), 78 (c), 80 (a, d), 82 (a, e), 84 (c, d), 86 (a, c), 88 (c), 90 (a, b), 92 (d), 94 (b), 98 (b), 100 (a, d, e), 102 (a, e), 104 (b, d), 106 (c, d), 108 (a, c, e), 110 (b, c, e), 112 (b, d, e), 114 (a, b, d), 116 (b, c), 118 (b, e), 120 (a, b), 122 (c), 124 (a, c, d), 126 (a, b, e), 128 (e), 132 (a), 134 (b), 136 (a, b, d), 138 (a, c, d, e), 142 (a, d), 146 (a, b, d), 150 (a), 154 (e), 156 (b, e), 160 (d), 162 (c), 164 (b, d), 166 (b), 170 (b), 172 (d), 174 (b), 178 (d), 180 (c), 182 (b), 184 (d), 186 (a, c, d), 188 (c), 190 (a), 192 (a, b), 194 (d), 196 (d), 200 (b), 202 (a, b), 204 (b), 206 (d, e), 208 (a), 210 (a), 212 (b, d), 214 (c), 216 (a, c), 218 (a, b, d), 220 (a, d), 226 (a), 228 (a, d), 230 (a, b), 234 (c, d), 236 (e), 238 (c), 244 (a), 246 (a), 248 (a, c), 250 (a, d), 252 (a), 254 (b), 256 (a, b), 258 (a, c, d), 260 (a, b), 262 (b, c, e), 264 (a, c), 266 (a, c, e), 270 (a, d), 276 (a, d), 278 (d), 280 (a, e), 282 (d, e), 284 (b), 286 (a, e), 288 (a), 290 (a), 292 (a), 294 (a, b), 296 (a), 298 (c), 300 (a, b), 302 (a, b, c), 304 (a), 306 (d), 308 (e), 310 (b, c, e), 312 (c, e), 314 (d), 316 (b), 318 (b, c, d), 320 (e), 322 (a, b, d, e), 324 (c), 326 (b, d), 330 (c, d), 332 (a), 334 (e), 338 (b), 344 (b, c), 346 (a, e), 348 (a, c, d), 350 (b, c), 354 (d), 356 (c), 358 (b), 362 (b), 364 (a, d), 368 (a, d, e), 372 (b, c, e), 374 (b, c), 376 (d, e), 378 (b, d), 380 (c, e), 382 (a, c, e), 384 (b, c, e), 390 (b, c), 392 (c), 394 (a, c), 396 (b, c), 398 (b, c, e), 402 (c), 404 (c), 406 (a)

© Larousse : 10 (b), 16 (d), 22 (d), 28 (c), 30 (c), 34 (a), 42 (c), 44 (a), 56 (e), 66 (c), 68 (b, d), 86 (e), 88 (d), 96 (b), 114 (e), 120 (d), 134 (a), 144 (b, c), 152 (a, b), 158 (b, d), 176 (c), 178 (a), 180 (a), 186 (b), 192 (c), 194 (a), 196 (a), 198 (a, d, e), 200 (a), 202 (d), 210 (c), 212 (c), 220 (e), 222 (b), 226 (d), 228 (b, e), 230 (d), 232 (c), 248 (b), 252 (b), 254 (d), 264 (b), 284 (c), 288 (c), 290 (b), 292 (e), 304 (b, c), 308 (c), 314 (c), 316 (d), 320 (b), 324 (d), 328 (d), 330 (b), 352 (b, e), 358 (e), 362 (e), 364 (c), 366 (b, c), 372 (d), 376 (a, f), 380 (b, d), 382 (b), 386 (a, c, d), 392 (a), 396 (a), 400 (d), 404 (b)

Crédits des illustrations
iStock©Thinkstock : pages 5, 6, 7, 8 (ht), 9.
MUISC13th©Shutterstock : page 8 (bas).

Direction de la publication : Isabelle Jeuge-Maynart et Ghislaine Stora
Direction éditoriale : Emilie Franc
Édition : Ewa Lochet
Conception graphique : Claire Morel-Fatio
Couverture : Anna Bardon
Informatique éditoriale : Philippe Cazabet
Mise en page : Natacha Marmouget
Fabrication : Donia Faiz

ISBN : 978-2-03-593396-6

Photogravure Nord Compo, Villeneuve-d'Ascq
Imprimé en Espagne par Industria Grafica Cayfosa
Dépôt légal : janvier 2017
318749/01 – 11034145 – novembre 2016

PAPIER À BASE DE FIBRES CERTIFIÉES

LAROUSSE s'engage pour l'environnement en réduisant l'empreinte carbone de ses livres. Celle de cet exemplaire est 3,9 kg éq. CO_2 Rendez-vous sur www.larousse-durable.fr